ADÉLAÏDE HERBERT

PAR

M. A. DE GENTELLES.

ILLUSTRÉ DE 10 GRAVURES.

ADÉLAÏDE HERBERT.

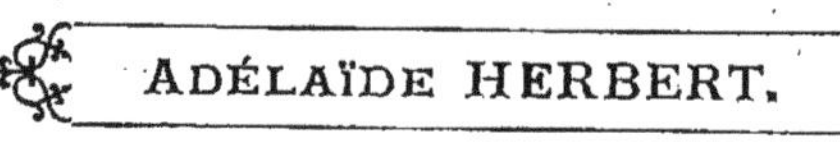

ADÉLAÏDE HERBERT.

Née à Amiens, le 19 avril 1794,

Fondatrice de l'Œuvre des Vieux-Ménages,

décédée à Amiens le 1er janvier 1862.

ADÉLAÏDE HERBERT

PAR

M. A. DE GENTELLES.

ILLUSTRÉ DE 16 GRAVURES.

Si j'avais à recommencer ma vie, je ne
choisirais pas une autre carrière que celle
d'institutrice, tant j'y ai trouvé de bonheur !
Adélaïde HERBERT.

Société de Saint-Augustin,

DESCLÉE, DE BROUWER ET Cⁱᵉ.

IMPRIMEURS DES FACULTÉS CATHOLIQUES DE LILLE.

Adélaïde Herbert, dont nous essayons de retracer la vie si simple et cependant si féconde en œuvres et en mérites, semble l'avoir résumée elle-même dans ces quelques lignes écrites peu de temps avant sa mort : « Apprendre à des enfants à connaître Dieu, à l'aimer et à le servir, je ne vois rien de plus beau et de plus désirable. Si j'avais à recommencer, je ne choisirais pas une autre carrière que celle d'institutrice, tant j'y ai trouvé de bonheur ! »

En ce moment où les questions d'éducation sont plus que jamais à l'ordre du jour, il nous a paru intéressant de publier ces pages, qui nous montrent ce que peut une institutrice chrétienne qui a conscience de la grandeur de sa mission et qui s'y consacre tout entière. Nous acquittons ainsi une dette de reconnaissance personnelle, et en même temps nous répondons à un désir souvent exprimé par les anciennes élèves de Mademoiselle Herbert.

Maîtresse bien-aimée. Et cette admirable et si touchante association des Vieux-Ménages, fondée par elle pour inculquer à ses enfants l'amour des pauvres, n'est-elle pas là pour perpétuer sa vénérée mémoire ?

Mieux que personne vous étiez à même de retracer cette vie si pleine de mérites. Le charme que vous éprouvez à rappeler ces souvenirs qui vous sont si chers, est communicatif. D'un bout à l'autre de votre récit, on sent passer un souffle d'admiration et parfois d'enthousiasme qui en rend la lecture particulièrement attachante.

Ce n'est pas seulement aux anciennes élèves de Melle Herbert que ces pages peuvent être utiles ; les mères chrétiennes, les jeunes filles pieuses y trouveront de salutaires conseils et des exemples précieux qui les aideront à réaliser le portrait que l'Esprit-Saint nous trace de la femme forte.

Agréez, Madame, l'expression de ma religieuse considération.

† RENÉ-FRANÇOIS,
Évêque d'Amiens.

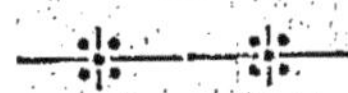

Amiens, le 14 décembre 1895

Madame,

J'approuve bien volontiers le nouveau travail que vous me soumettez : La vie de Melle Herbert, cette sainte femme que l'un de mes prédécesseurs, Mgr Mioland, aimait à citer comme le modèle accompli de l'Institutrice chrétienne.

En parcourant ces pages si pleines d'intérêt et dans lesquelles vous avez mis tout votre cœur, j'ai été frappé d'une parole prononcée par Monsieur le Chanoine Correur, assurant à Melle Herbert que, longtemps après sa mort, le bien que le Seigneur aurait daigné faire par elle subsisterait pour sa gloire.

Aujourd'hui, cette parole du vénérable Chanoine est un fait accompli. Il y aura bientôt quarante ans que Melle Herbert a quitté la terre et ses œuvres demeurent. Ses élèves ont formé des familles chrétiennes auxquelles elles ont transmis les principes de cette foi si ferme, de cette piété si sincère, de cette charité si ardente qu'elles avaient reçus de leur

ADÉLAÏDE HERBERT.

CHAPITRE PREMIER.

Naissance d'Adélaïde Herbert. — Le buisson d'épines. — Ses premières impressions religieuses. — Son entrée à l'école. — L'apostolat d'une enfant de sept ans. — Son heureux caractère.

ADÉLAÏDE Herbert naquit à Amiens le 19 avril 1794. Ses parents étaient d'une condition modeste, mais pleins de courage et de loyauté.

Leur premier soin, à la naissance de leur petite fille, avait été de la faire baptiser. Bientôt Mme Herbert, gravement malade, fut obligée de se séparer de son enfant ; elle la confia à une famille estimable qui habitait Rainneville, petit village près d'Amiens. Elle n'eut qu'à se louer du choix qu'elle avait fait. C'est là cependant qu'arriva à la petite Adélaïde un accident grave dont elle porta les marques pendant toute sa vie. Un jour, elle tomba au milieu d'un buisson, et l'on ne parvint point à enlever toutes les épines qui avaient pénétré dans ses pauvres petites mains. Son père, inconsolable, fit venir un médecin, qui crut devoir latter un de ses doigts dont les muscles se retiraient par suite de la douleur. L'enfant souffrait beaucoup et jetait des cris incessants. Son père, voulant la soulager, lui enleva l'appareil qui avait été posé ; le doigt se ferma alors à demi et ne put jamais être redressé. Plus tard, quand les épreuves se multiplièrent pour Adélaïde, elle disait en souriant : « Le monde m'a reçue au milieu des épines. » Elle était revenue auprès de ses parents depuis quelques mois lorsqu'elle fut atteinte de la petite vérole. Ils l'entourèrent des soins les plus tendres et les plus affectueux, dont elle se souvint toujours avec reconnaissance. Sa mère, très bonne d'ailleurs, avait un caractère un peu vif ; des soucis nombreux et les inquiétudes de l'avenir l'aigrissaient quelquefois. La petite Adélaïde, avec une délicatesse bien au-dessus de son âge, se montrait d'une douceur et d'une sollicitude parfaites, s'efforçant d'éviter à ses parents tout ce qui pouvait être pour eux un sujet de peine. D'une santé très délicate, elle dissimulait ses souffrances parce qu'elle s'était aperçue que son père et sa mère s'en affligeaient. Elle cherchait dans son imagination enfantine par quels moyens elle pourrait les aider, mais, hélas ! elle était encore impuissante à le faire efficacement.

La France venait de traverser des jours néfastes ; les temples saints avaient été fermés, les prêtres du Seigneur persécutés, mis à mort, les chrétiens privés des secours religieux. Adélaïde avait cinq ans lorsqu'un peu de calme s'étant rétabli, les fidèles purent rouvrir les églises depuis si longtemps profanées. Quelques pages, écrites plus tard par elle-même, nous révèlent l'impression profonde que fit sur sa jeune âme un événement qui serait passé peut-être inaperçu pour beaucoup d'autres enfants de son âge.

« J'étais bien jeune encore, je jouais auprès de ma mère, retenue dans sa chambre par une grave indisposition, lorsque la bonne et vieille Claire, accoutumée à lui donner des soins, entra brusquement et, d'une voix tout émue : « Madame, dit-elle, nos prêtres, nos *amis* prêtres sont à Saint-Jacques ! Tout le monde y court. La messe est commencée ; » et elle s'arrêta pour essuyer ses larmes qui coulaient avec abondance. Ma mère partageait visiblement cette émotion. Elle tourna sur moi un regard qui fut compris. Claire me prit dans ses bras et m'emporta sans attendre aucune recommandation. Bientôt nous descendions dans la vieille église, car, au contraire de ce que nous voyons aujourd'hui, le sol en était plus bas que celui du cimetière qui l'entourait. Mon entrée dans ce saint lieu fut toute une révélation pour mon cœur de cinq ans. Que virent donc mes yeux dans cette pieuse enceinte ? De vieux murs dépouillés et portant encore la trace des profanations qu'ils avaient subies ; un autel élevé sur quatre ais mal assortis, et décorés par deux rideaux cramoisis provenant d'une chambre du voisinage ; une croix et quatre chandeliers inégaux, portant des cierges allumés, complétaient les ornements de cette fête.

» Deux prêtres à cheveux blancs étaient à l'autel. Autour d'eux se groupaient, agenouillés sur les dalles disjointes et brisées, de nombreux fidèles dans l'attitude de la foi et d'un profond respect, les mains jointes, les yeux humides de larmes ; ils tournaient leurs regards vers une tribune improvisée près de l'autel. Un des prêtres y monta, prononça quelques paroles, et les sanglots couvrirent sa voix ; mais le silence succéda bientôt à l'émotion générale. Ce silence profond, et les chants de reconnaissance qui résonnèrent ensuite sous les vieux arceaux du temple, éveillèrent en moi un sentiment indéfinissable. Pendant plusieurs jours, aucune autre idée ne put me distraire de celle que je venais de concevoir, et mes songes me la retraçaient la nuit avec plus de force encore. Jamais l'impression que je reçus alors ne s'affaiblit en moi. »

Adélaïde avait l'intelligence très ouverte pour son âge. Ses parents pensèrent qu'il fallait, sans perdre de temps, commencer son éducation. Il y avait, dans la paroisse Saint-Jacques, une bonne et digne institutrice qui, sous des dehors fort simples, cachait une instruction vraiment solide. C'était une ancienne religieuse qui avait pu, au moment où ses sœurs étaient dispersées et chassées de France, demeurer à Amiens et s'y rendre utile en instruisant les jeunes enfants. Les habitants du quartier avaient pour elle une grande estime, et l'auraient courageusement défendue, si cela eût été nécessaire ; mais personne ne songeait à l'inquiéter, bien qu'on l'appelât ouvertement *Sœur Daudigny*.

Adélaïde fut enchantée lorsqu'elle apprit la décision de ses parents : elle allait avoir des compagnes, devenir savante, ce qui lui souriait beaucoup. M. Herbert pensa que sa petite fille était dès lors capable de comprendre de sérieux conseils sur l'importance de l'éducation et sur la manière de profiter des enseignements qu'elle allait recevoir. Les sages avis qu'il lui donna se gravèrent si profondément dans son âme que, bien longtemps après, elle aimait à se les rappeler.

Mme Herbert avait bien quelques craintes concernant l'admission de sa petite fille chez la Sœur Daudigny, qui ne prenait pas ordinairement d'enfants aussi jeunes ; et elle voulut enlever la place d'assaut, convaincue d'ailleurs que, quand la bonne Sœur connaîtrait le trésor qui lui serait confié, elle ne regretterait point de l'avoir accepté. Elle sortit donc de chez elle tenant d'une main l'enfant et de l'autre le petit fauteuil sur lequel elle s'asseyait ordinairement, car elle était si mignonne qu'elle n'aurait pu se placer sur les bancs qu'occupaient les autres élèves, et elle se dirigea vers l'école.

— Que m'amenez-vous là ? lui dit la bonne Sœur en la voyant entrer.

— Notre petite Adélaïde, répondit Mme Herbert.

— Elle est trop jeune, je ne puis la prendre.

— Ma Sœur, la voici ; je ne la ramènerai pas, elle sera bien sage.

La petite fille joignit ses instances à celles de sa mère, promettant d'être très obéissante et très studieuse. Sœur Daudigny se laissa toucher par son air candide et son regard suppliant. Elle n'eut point à se repentir de sa condescendance. Sa nouvelle élève lui donna bientôt la mesure de ses qualités exceptionnelles. Son caractère ouvert, son excellent cœur, son application constante au travail, son égalité d'humeur, sa gaieté, lui gagnèrent l'affection de sa maîtresse et de ses compagnes.

Ses progrès furent étonnants. L'étude, qui lasse et ennuie si vite les jeunes enfants, avait pour Adélaïde un charme surprenant. Elle apprit très promptement à lire et s'appliqua avec la même ardeur à l'écriture. Le jour vint où elle eut une grande ambition. La fête de son père approchait ; elle voyait ses compagnes plus âgées qu'elle faire de belles lettres en pareille circonstance. S'il lui était possible à elle aussi d'offrir par écrit ses vœux à son père bien-aimé ? il en serait si heureux ! Pleine de cette pensée, elle va demander à sa maîtresse de l'aider dans la réalisation de son désir. Celle-ci, occupée, lui dit de faire un brouillon. Elle obéit, et lorsqu'elle revint avec son travail, l'étonnement de la Sœur fut grand ; elle ne comprenait pas comment une enfant de cet âge pouvait avoir des sentiments aussi vifs et les exprimer d'une façon aussi touchante. Rien n'était oublié dans cette lettre, qui fut la première de tant d'autres écrites par Adélaïde pendant sa longue carrière. Avec ses vœux, elle avait dit son amour, sa reconnaissance envers ses parents; et le dévouement, les soins de la bonne Sœur pour elle, y étaient aussi mentionnés.

La joie si grande de l'enfant en présentant sa lettre au milieu de quelques fleurs, n'égalait point cependant celle de son père, qui put juger des progrès de sa fille et en même temps des sentiments de son cœur.

Dès cet âge si tendre, le jugement d'Adélaïde était déjà formé ; les sentiments de justice et d'honneur semblaient innés chez elle, et c'est encore dans quelques notes tracées de sa main que nous en trouvons la preuve :

« Des circonstances malheureuses avaient mis ma famille dans un état de fortune fort

gêné ; mon enfance connut des privations qui
paraîtraient bien pénibles à des enfants élevés comme ils le sont généralement aujour-
d'hui. J'en souffrais peu. La simplicité des
mœurs et des goûts est un si précieux trésor
dans tous les âges ! Elevée seule, ne quittant
guère la maison paternelle, j'avais deviné les
soucis de mes parents. J'y pensais beaucoup
et n'en parlais pas. Un jour, tandis que je
travaillais dans un berceau du jardin, j'entendis la porte grincer sur ses gonds rouillés ;
mon père entrait, suivi d'un homme assez âgé,
grand, sec, à l'air sombre, que je voyais depuis quelques semaines venir à la maison.
C'était un commerçant de la ville qui avait
plus d'une fois avancé des fonds à ma famille
dans des moments d'embarras. Un instinct
secret m'éloignait de lui. Je me gardai donc
bien de quitter mon ouvrage et d'interrompre
leur conversation. Elle continuait avec une
grande animation entre les deux interlocu-
teurs, qui marchaient à pas précipités sans
quitter l'allée principale, de sorte qu'ils passaient et repassaient fréquemment près de
moi. J'avais pour mon père une extrême tendresse, pour l'autre personnage une singulière
répulsion. L'un et l'autre sentiment contribuaient à me rendre attentive et je saisis-
sais vivement au passage quelques mots de
leur entretien. Peu à peu je me rapprochai
et ne tardai pas à comprendre que le négo-
ciant en question cherchait à entraîner
mon père dans une entreprise que la délicatesse de celui-ci rejetait avec énergie. Je ne
concevais pas alors comment le tentateur
pouvait persévérer dans ses instances si

constamment repoussées. Plus tard, je compris que, s'étant compromis par ses propositions mêmes, il avait le plus grand intérêt à triompher des répugnances qu'il rencontrait. Cet homme, je l'ai dit, avait aidé mon père dans des rencontres difficiles ; il pouvait lui être utile dans d'autres. En ce moment une crise commerciale ébranlait le crédit et ouvrait la voie à toute espèce de spéculations ; il cherchait à exploiter des services rendus déjà chèrement payés, demandant, sollicitant un concours qui donnerait, il le prétendait du moins, des bénéfices certains, incroyables. Il combattait par mille raisons spécieuses les motifs que la loyauté, la probité scrupuleuse de mon père lui opposait. Le berceau de lierre me dérobait à leur vue. Je me mis à genoux et priai avec ferveur pour que mon père fût inébranlable. Tout ce que je voyais, le lieu même où j'étais, me rappelait le premier combat contre le mal, dont ma jeune mémoire était toute remplie, et si une extrême timidité n'eût dominé mon caractère, j'aurais couru prêter main forte et repousser l'ennemi. J'entendis enfin ces mots, prononcés d'un ton plus élevé et qui me parut solennel : « Non, Monsieur, puisqu'il faut le répéter encore, vos offres ne me séduiront pas ; je préfère une pauvreté honnête et vertueuse à tous vos avantages, fussent-ils plus assurés encore. L'honneur est plus que l'argent. »

» La porte s'ouvrit et se referma... Mon père venait de grandir dans ma pensée au-delà de tout ce que je saurais dire. J'étais fière, heureuse d'être son enfant, et lorsque, rentrée à la maison, je le retrouvai assis auprès de ma mère, je sautai sur ses genoux, plus glorieuse mille fois que si j'avais occupé un trône. Je baisai son front, ses mains qui s'étaient refusées à l'injustice, et, ma jeune imagination s'exaltant de plus en plus, je le couvris de caresses tellement extraordinaires qu'il s'en étonna un instant ainsi que ma mère. Ni l'un ni l'autre ne pouvaient se les expliquer. Leurs questions, à cet égard, n'obtinrent pour réponse que des larmes abondantes...

» Mes pleurs tarirent, mais le sentiment délicieux qui les fit couler dure encore. Mon père, mon bon père, ignora toujours que j'avais été présente à cette scène.

» On trouvera peut-être qu'une enfant de six ans ne peut apprécier ces choses. Je répondrai : *Rien n'est possible comme ce qui est.* Ces impressions, je les ai ressenties plus vivement que je ne puis les décrire ; je les ai conservées toute ma vie dans mon âme. Il n'est aucune raison pour que mille autres enfants ne puissent les éprouver comme moi. »

Adélaïde venait d'avoir sept ans lorsqu'elle fut admise à recevoir la Confirmation ; elle apporta une préparation sérieuse à la réception de ce grand sacrement. Ce fut à cette occasion qu'elle vit, pour la première fois, M. l'abbé Correur, qui fut pour elle, plus tard, un guide si éclairé. Dès cette époque, elle manifestait un goût très prononcé pour l'étude de la religion. Un ecclésiastique de la paroisse venait faire le catéchisme chez la Sœur Daudigny, et il avait l'habitude de charger une des grandes élèves de faire les demandes. La jeune fille qui remplissait ordinairement ce rôle étant malade, la maîtresse fit avancer la petite Adélaïde pour la remplacer. M. l'abbé de Laninville la regarda avec étonnement.

— Soyez sans crainte, dit Sœur Daudigny, elle s'acquittera bien de ses fonctions.

Ce qui eut lieu en effet. Quelques-unes de ses compagnes souriaient et chuchotaient entre elles, mais Adélaïde les regarda avec un air si sérieux, que bientôt elles se turent, et la leçon de catéchisme se continua à la pleine satisfaction de M. l'abbé de Laninville.

Le désir de faire connaître le bon Dieu, de le faire aimer, inspira à Adélaïde un projet un peu singulier, mais qui fit d'elle un petit apôtre. Rentrée chez ses parents, elle montait sur la borne de la porte et faisait le catéchisme aux conscrits qui se trouvaient à la caserne en face de la maison paternelle. Ils l'écoutaient avec un véritable empressement, et c'était un spectacle bien touchant de voir cette enfant évangéliser ainsi les soldats. Elle leur parlait de la foi, de l'espérance, de la charité, de leurs devoirs envers Dieu, avec une ardeur qui porta certainement quelques fruits dans les âmes de ses auditeurs. Elle préludait ainsi à cet enseignement religieux auquel nous la verrons plus tard se livrer avec un si grand bonheur.

Les progrès de la jeune écolière étaient rapides, elle s'adonnait tout entière à l'étude. Lorsque, en classe, sa maîtresse la questionnait, soit sur une règle de grammaire, soit sur une opération d'arithmétique, ses réponses et les explications qu'elle donnait

étaient si claires et si précises, qu'elle captivait l'attention de ses compagnes. Elle lisait
d'une manière très intelligente, et on recourait souvent à elle, même en récréation, car
une histoire lue par Adélaïde devenait doublement intéressante ; elle s'y prêtait volontiers et ne se refusait jamais non plus à éclaircir un point difficile ou obscur.

Si elle travaillait en classe avec une grande
application, elle apportait la même ardeur
aux jeux. Elle était l'âme des récréations,
qu'elle égayait par les saillies de son heureux naturel et par mille inventions ingénieuses. Aucune difficulté ne l'arrêtait quand
elle avait prémédité quelque nouvelle manière d'amuser ses compagnes. Elle leur faisait jouer de petites pièces de sa composition;
elle façonnait les costumes avec un bel
entrain, une facilité surprenante, et en toutes
choses elle s'oubliait elle-même pour leur être
agréable ; elle était véritablement heureuse
lorsqu'elle pouvait leur causer un plaisir ou
leur rendre un service, plus heureuse encore
lorsqu'il lui était possible de témoigner sa reconnaissance à sa chère maîtresse. L'époque
de sa fête lui en fournissait l'occasion. Elle
composait alors des couplets que chantaient
ses compagnes, et qui exprimaient leurs sentiments d'affection et de reconnaissance en
termes si touchants que la Sœur Daudigny
en était très émue. Quant au jeune poète, il
se tenait modestement à l'écart.

CHAPITRE DEUXIÈME.

La piété d'Adélaïde, son obéissance, sa soumission envers ses parents et ses maîtresses, la droiture de son jugement, qui lui faisait toujours choisir ce qui était bon et juste, tant de qualités réunies dans cette enfant de bénédiction permirent de l'admettre à la première Communion à l'âge de dix ans, c'est-à-dire beaucoup plus tôt qu'on ne le faisait ordinairement. Quand elle apprit la faveur exceptionnelle qui lui était accordée, sa joie fut grande, et pendant le temps qui s'écoula encore jusqu'au jour solennel, que d'efforts sur elle-même, que d'actes de vertu pour se disposer à cette sainte action ! Le soin qu'elle apporta à sa confession, le regret de ses fautes, qui se trahissait par des larmes, témoignaient de l'esprit de foi qui animait Adélaïde. Afin que sa préparation fût plus complète et qu'aucune distraction extérieure ne vînt la troubler, ses parents s'étaient résignés à une séparation momentanée, et elle était entrée pour quelques mois comme pensionnaire chez la bonne Sœur Justine Daudigny. Son recueillement édifiait ses compagnes ; il semblait que toutes ses pensées fussent dirigées vers un but unique, tant elle était devenue indifférente envers tout le reste !

Cette disposition d'esprit frappa Mme Herbert lorsqu'elle vint au pensionnat pour revêtir elle-même sa chère enfant de ses vêtements blancs. Grave, silencieuse, Adélaïde n'y apportait aucune attention. Disposer son âme à recevoir l'Hôte divin était toute sa préoccupation.

Dès la veille, elle avait sollicité son pardon auprès de ses chers parents, pardon bien facile à obtenir, car elle avait toujours été leur joie et leur consolation.

C'était le jour de la fête de l'Assomption. Elle-même nous dit encore les impressions délicieuses et ineffaçables qu'elle avait éprouvées en ce jour béni entre tous. « Je descendais, pour arriver au sanctuaire renouvelé, ces mêmes marches d'où mes yeux avaient vu pour la première fois l'autel du sacrifice relevé au sortir de la persécution. La piété avait fait disparaître, sinon l'air de vétusté de l'édifice, du moins toute trace de dégradation. Partout on voyait l'empreinte de cette sollicitude inspirée par la foi, et qui l'inspirait elle-même bien mieux que la magnificence. Dans le contraste des jours de larmes que je me rappelais et des pompes saintes dont j'étais actuellement environnée, je voyais les combats de la vie présente et les joies de celle qui doit lui succéder ; ce Pain des forts que j'allais recevoir, mon soutien dans la route épineuse qui s'ouvrait devant moi ; cette route elle-même, que bien des ombres couvraient encore, mais où j'entrevoyais déjà le bonheur dans le sacrifice. La foi, la confiance, l'amour, remplissaient mon cœur d'émotions indicibles, et l'impression en fut ineffaçable. Elle a été ma force dans toutes les circonstances douloureuses de ma vie. Les moindres détails de cette bienheureuse journée sont encore vivants dans mon souvenir. J'aime surtout à retrouver dans le fond de mon cœur les vœux que j'exprimais à mon Dieu, les promesses que je reçus alors de sa bonté, et que sa Providence accomplit si fidèlement envers moi et envers tous les miens. »

Toute sa vie, Adélaïde aima à se retrouver dans cette même église et à la place qu'elle avait occupée le jour où Dieu l'avait comblée de ses grâces ; elle en éprouvait une ineffable consolation, et ses sentiments de reconnaissance s'exhalaient alors de son cœur avec effusion.

Une première Communion faite dans de semblables dispositions devait produire des fruits abondants dans son âme. Plus recueillie dans ses exercices de piété, plus douce, plus obéissante envers ses maîtresses et envers ses parents, plus aimable encore envers ses compagnes, elle était pour tous en exemple frappant de ce que peut l'esprit de foi dans l'âme d'une enfant de onze ans.

La prière, l'étude, de douces et agréables récréations remplissaient les journées d'Adélaïde, qui s'écoulaient rapides et heureuses. Elle était loin alors de se douter du sacrifice que Dieu allait lui imposer. Ses parents subissaient une gêne toujours croissante, et sa mère la rappela près d'elle pour l'aider dans les soins du ménage. Ce ne fut pas sans un grand déchirement de cœur qu'elle se sépara d'une maîtresse qui avait été si bonne pour

elle, de ses compagnes qu'elle aimait ; qu'elle
abandonna des études pleines d'attraits pour
sa jeune intelligence ; mais elle sut à cette
heure d'épreuve sacrifier généreusement ses
goûts, et, sans observation, sans murmure,
avec une abnégation qui ne laissa jamais
rien paraître de son chagrin, elle se montra

AMIENS. — ÉGLISE SAINT-JACQUES,
démolie en 1836, où Adélaïde Herbert fit sa première Communion.

douce, empressée, joyeuse même dans l'accomplissement de ses nouveaux devoirs.

Pressés par la nécessité, M. et Mme Herbert se décidèrent à prendre chez eux quelques pensionnaires, au nombre desquels se
trouva M. l'abbé Thibaud, Proviseur du collège royal d'Amiens, qui fut plus tard Inspecteur général des études à la Sorbonne.

Il ne tarda pas à être frappé de l'air intelligent d'Adélaïde, et il s'étonna de la voir se livrer à d'aussi humbles occupations. Un jour il la questionna, et il put facilement deviner, sans qu'elle lui en fît l'aveu, qu'elle n'avait abandonné ses études que pour répondre au désir de ses parents. « Alors, lui dit-il, vous seriez contente de les reprendre et de les continuer ? » La réponse affirmative de la jeune fille fut faite avec un tel élan que M. l'abbé Thibaud résolut de consacrer chaque jour quelques heures à la culture de cette jeune intelligence. La joie d'Adélaïde fut extrême, et elle se remit au travail avec une ardeur qui lui fit faire des progrès étonnants. M. l'abbé Thibaud, voyant chez elle des dispositions tout à fait exceptionnelles, lui fit apprendre le latin, et il assurait qu'à quatorze ans elle traduisait Tite-Live mieux qu'un élève de seconde.

Cependant Mme Herbert ne goûtait guère ce retour à des travaux intellectuels.

— Avec tout cela, dit-elle un jour au Proviseur du collège, vous lui ferez des rentes ?

— Non, répondit-il, mais elle en fera à d'autres.

Cette parole devait plus tard se réaliser d'une façon bien consolante pour son cœur filial. Elle avait en effet un but : venir efficacement en aide à ses parents ; et le seul moyen pour y réussir était justement un travail opiniâtre et persévérant. Aussi conserva-t-elle toute sa vie une grande reconnaissance envers un maître sans le secours duquel jamais sans doute elle n'aurait pu réaliser ses aspirations.

A la fin du siècle dernier, la France était couverte de ruines, les prêtres étaient en exil et les couvents fermés. Lorsque les ministres du Seigneur rentrèrent dans leur patrie, tout était à refaire. Nous voyons alors des âmes généreuses chercher à réparer, par l'éducation chrétienne, les ravages que l'impiété avait causés. C'était ce but que poursuivait le R. P. de Tournély, l'ardent apôtre de la dévotion au Sacré-Cœur. Il s'occupait de l'éducation des jeunes gens ; mais il comprenait qu'il fallait faire plus encore. La fondation d'une congrégation de femmes consacrées aussi au Sacré-Cœur de Jésus, et dont la mission serait de préparer des mères vraiment chrétiennes, qui feraient revivre la foi dans les familles, lui parut le complément nécessaire de l'œuvre qu'il avait entreprise.

Comme il voulait atteindre les hautes classes de la société, il s'était d'abord adressé à elles pour y trouver des auxiliaires qui entrassent dans ses vues. Il avait espéré que la princesse Louise-Adélaïde de Bourbon-Condé répondrait à ses aspirations ; mais un attrait irrésistible la portait vers la vie contemplative. Elle alla chez les Trappistines de Suisse, puis, lorsqu'elle revint en France, en 1816, elle fonda à Paris le monastère des Bénédictines du Saint-Sacrement du Temple, où elle mourut saintement.

Une autre princesse, également d'une grande piété, l'archiduchesse Marie-Anne, sœur de François II, empereur d'Allemagne, vivait à Prague dans la retraite, n'aspirant qu'à un état plus parfait ; elle aussi semblait être désignée pour cette fondation. Après un commencement d'exécution, ce second projet échoua encore. L'archiduchesse, rappelée par son frère, revint en Hongrie, où elle continua de se consacrer aux bonnes œuvres.

Cependant le R. P. Varin, avec lequel le Père de Tournély s'était souvent entretenu de cette fondation, ne perdait pas courage. Il avait recueilli les dernières paroles de son ami, qui lui avait dit peu de temps avant sa mort : « Cette Société, consacrée à la gloire du Cœur adorable de Jésus, elle sera, croyez-le. »

Dieu, qui choisit rarement pour accomplir ses desseins ce qu'il y a de grand selon le monde, préparait, dans une vie humble et toute cachée en lui, celle qu'il destinait à cette œuvre si importante.

Un jeune et pieux ecclésiastique, l'abbé Barat, était entré depuis peu de temps dans la société des Pères du Sacré-Cœur. Le Père Varin, en causant un jour avec lui, apprit qu'il avait une jeune sœur de vingt ans dont le plus ardent désir était de se donner à Dieu. Éclairé d'une lumière toute surnaturelle, il vit aussitôt en cette jeune fille la pierre fondamentale sur laquelle Dieu voulait élever l'édifice si ardemment désiré par le R. P. de Tournély.

Il ne se trompait pas : « Madeleine-Louise-Sophie Barat était l'enfant de bénédiction, la vierge choisie par le Seigneur pour devenir, sans le vouloir, sans le savoir même, la mère de la nombreuse famille, la fondatrice et la première Supérieure générale de la Société consacrée au divin Cœur de Jésus. »

Le Père Barat amena sa jeune sœur So-

phie au Père Varin, qui, après un mûr examen des qualités et des dispositions de la
jeune fille, put apprécier sa grande piété,

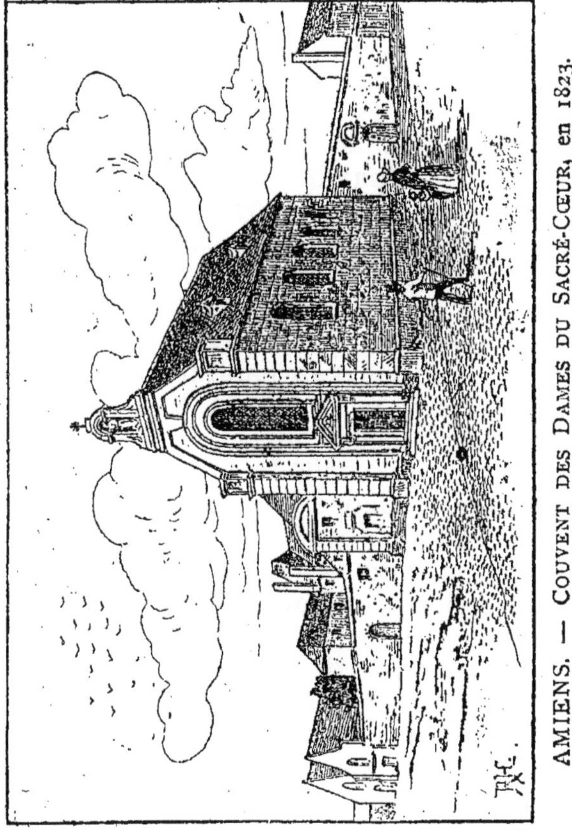

AMIENS. — COUVENT DES DAMES DU SACRÉ-CŒUR, en 1823.

son intelligence hors ligne, la droiture et la
solidité de son jugement.

En juin 1801, le Père Varin vint à Amiens,
où la direction d'un collège de jeunes gens

lui était offerte ; et, au mois de novembre de cette même année, il y appela Sophie Barat.

Amiens était alors une véritable pépinière de saintes œuvres et de grandes âmes, que la grâce y faisait naître pour de là étendre leur action bienfaisante jusqu'aux pays les plus lointains. C'est dans cette ville que furent jetés les premiers fondements de la Congrégation du Sacré-Cœur, qui compte aujourd'hui plus de cent maisons et six mille religieuses, répandues dans le monde entier.

Un modeste pensionnat, situé rue Martin-Bleu-Dieu, dans la paroisse Saint-Jacques, fut cédé à Mme Barat et à ses compagnes. Quelques années plus tard, la petite communauté naissante quittait ce premier asile devenu trop étroit, pour habiter successivement la rue Neuve et la rue de l'Oratoire, où elle est encore aujourd'hui.

C'est là qu'Adélaïde Herbert eut le bonheur d'être admise.

M. l'abbé Thibaud, étonné et charmé des progrès si rapides de sa jeune élève, avait parlé d'elle à quelques personnes. Le bruit de ses aptitudes exceptionnelles arriva jusqu'aux oreilles de M. l'abbé de Sambucy, alors aumônier du Sacré-Cœur d'Amiens. Il voulut voir Adélaïde, et put constater que les éloges de son maître n'étaient pas exagérés. Il proposa alors à M. et à Mme Herbert de la faire recevoir comme élève pensionnaire au Sacré-Cœur. Ils acceptèrent cette offre bienveillante, et elle y entra au mois d'octobre 1809. Là encore, elle apporta au travail l'ardeur et le courage qui la caractérisaient. Son ambition était d'enlever tous les prix, et elle les obtint. Cette ambition n'était pas inspirée par un sentiment d'orgueil, mais uniquement par le désir de prouver sa bonne volonté à ses parents et aux personnes qui s'étaient intéressées à elle. Aucun obstacle ne l'arrêtait. Un jour, une composition de calcul fut donnée sur des matières qu'elle n'avait jamais étudiées ; les problèmes lui parurent d'abord impossibles à résoudre. Sans se décourager, elle mit tant de ténacité dans son travail, qu'elle trouva des solutions exactes et fut encore la première ; mais la tension de son esprit avait été tellement forte que, pendant plusieurs jours, elle souffrit d'affreuses douleurs de tête. Ce n'était pas seulement au point de vue du travail qu'elle répondait aux espérances que M. l'abbé de Sambucy avait fondées sur elle : on peut dire qu'elle croissait chaque jour en piété et en vertu.

M. l'aumônier du Sacré-Cœur, qui connaissait sa grande facilité pour la versification, la chargea de composer quelques cantiques qui furent comme l'écho des sentiments qui l'animaient ; elle trouva dans son âme ardente des chants pleins de foi et d'amour en l'honneur de la Sainte Eucharistie et de Marie notre Mère. Ses compagnes aimaient à les redire et plusieurs d'entre eux nous ont été conservés.

Adélaïde était aussi le poète des fêtes intimes, et ses joyeux couplets venaient égayer les heures des récréations. Comme autrefois chez la Sœur Justine, elle se prêtait à tous les désirs de ses compagnes, inventant, organisant de nouveaux jeux. Ce fut à cette époque que, trouvant son nom trop long, elles l'abrégèrent et ne lui donnèrent plus que celui d'Adèle, qu'elle conserva toujours.

La jeune pensionnaire du Sacré-Cœur aimait toutes ses maîtresses ; mais elle avait voué une plus particulière et plus filiale affection à une jeune religieuse dont elle recevait les leçons, et dont la grande perfection l'avait fortement impressionnée. Hélas! déjà l'épreuve se mêlait à ses joies : Dieu rappela à lui cette âme mûre pour le Ciel, et son départ laissa un bien grand vide dans le cœur de son élève.

Mme de Charbonnel devint alors sa maîtresse de classe ; elle apprécia bientôt les rares qualités d'Adèle. Ces deux âmes d'élite avaient le même désir du bien, les mêmes vues, la même élévation de sentiments. L'une et l'autre dans des voies différentes montrèrent plus tard ce que peut le zèle pour le salut des âmes.

Son cœur, ses goûts, ses inclinations, tout portait Adélaïde vers la vie religieuse. Ses maîtresses, voyant en elle tant de qualités sérieuses, désiraient aussi se l'attacher ; mais devant la jeune fille se dressait un devoir impérieux : celui de venir en aide à ses parents.

— Que pouvez-vous pour eux, lui disait une personne amie, puisque vous n'avez rien ?

— Je *m'ai*, répondit-elle avec conviction.

Elle demandait à Dieu avec instance de l'éclairer, de lui manifester sa volonté. Tout à coup, une grave maladie d'yeux décida les Dames du Sacré-Cœur à la rendre à sa famille. La douleur de ses parents fut bien grande en la voyant menacée de perdre la vue. La Providence permit qu'un oculiste célèbre, anglais d'origine, vînt alors à Amiens. M. Herbert lui conduisit sa fille. Il promit de la guérir ; et en effet ses conseils, suivis avec une grande ponctualité, amenèrent une amélioration sensible dans l'état de la jeune malade. Mais les soins qu'elle réclamait la retinrent à la maison paternelle, où sa présence du reste allait être une nouvelle bénédiction.

« Les soucis, les embarras se multipliaient pour mes parents, nous dit-elle. Depuis quelques jours, je remarquais une agitation plus grande. En effet, une perte immense par rapport à la fortune de mon père, venait de l'accabler. L'espoir qu'il avait placé dans l'obligeance de quelques amis s'était évanoui ; il paraissait atterré. Privé de sommeil et refusant de prendre aucune nourriture, la fièvre le dévorait et n'expliquait que trop le désordre de ses idées. Mes témoignages d'affection, ordinairement si bien accueillis, semblaient augmenter sa peine. Un jour surtout que, plus inquiète de l'état où je le voyais, je m'étais attachée à ses pas, il s'irrita, lui si bon, si tendre ! et m'obligea de le laisser seul avec ses pensées. Elles ne m'étaient que trop connues. Malheureusement alors, la religion n'avait pas pris, comme il arriva depuis, d'empire souverain sur son âme, et j'avais à redouter les plus terribles conséquences du désespoir. Je m'appliquai à soustraire à sa main tous les objets qui auraient pu servir à l'exécution de projets funestes, mais, hélas ! les moyens ne manquent jamais en ces horribles circonstances.

» Ma mère était absente ; elle était allée

dans sa famille chercher à exciter un intérêt que nous n'avions pas rencontré autour de nous. Une lettre trop sincère avait été remise à mon père dans l'après-midi et avait produit sur lui une impression que l'on peut aisément deviner. Le jour baissait graduellement. Retirée dans ma chambre, d'où je pouvais voir dans la sienne, je m'étais placée près de la fenêtre et je suivais presque tous ses mouvements. Il avait écrit pendant une demi-heure et puis je le voyais, la tête appuyée sur ses mains, dans une immobilité complète. Tout à coup, il se lève brusquement et semble traverser la pièce qui séparait celle qu'il occupait de la mienne. J'hésite un instant. Dois-je ouvrir et me jeter dans ses bras ? ou ferais-je mieux de l'attendre ?... Mon cœur battait avec violence. J'entends la main de mon père se poser sur la clé : c'était pour y donner un double tour... Enfermée ainsi, je l'entends descendre l'escalier avec rapidité. Bientôt s'ouvre et se referme la porte de la rue. Il est sorti et moi je suis seule et prisonnière.... Mon Dieu ! mon Dieu ! où est allé mon père ?... Je tombe à genoux: O Vierge sainte, m'écriai-je, secours de tous les malheureux, Mère du Sauveur, ma bonne et douce Mère ! non, vous ne permettrez pas que mon père, égaré par le chagrin, mette fin à sa vie, qu'un crime affreux me rende orpheline et me sépare de lui durant l'éternité !... Vous m'exaucerez, vous détournerez ce malheur. Marie ! Marie ! ayez pitié de moi !..

» Des larmes abondantes coulèrent alors de mes yeux ; elles furent l'unique langage dans lequel se continua ma prière. Combien dura-t-elle ? je l'ignore. Je conservais trop vivement, hélas ! le sentiment de mon existence, mais j'avais perdu l'idée juste du temps. Je ne tenais à la vie que par la douleur. Tout à coup ma porte s'ouvre.. mon père est devant moi ; il s'avance les bras tendus : « Ma fille, mon enfant, ma vie, où es-tu ? » Je me jette à son cou... Il me serre convulsivement sur son cœur : « Est-ce bien toi, ma fille ? Mais comment ?... ici et là-bas en même temps ?... O Dieu, mon Dieu, vous avez eu pitié de moi.» Je renonce à peindre ce qui se passa dans mon âme lorsque, après ces paroles, et quelques instants employés à calmer son agitation extrême, il me dit : « Au moment d'accomplir une résolution des plus funestes, une figure douce et radieuse m'est apparue ; elle te donnait la main, chère enfant, et, laissant tomber sur moi un regard aussi tendre que sévère : « Malheureux père ! cria-t-elle, peux-» tu donc l'oublier ?... » L'arme fatale tomba de mes mains, une force invincible m'entraîna avec une inconcevable rapidité vers ce lieu où je t'avais laissée. Mais comment expliquer ta présence simultanée en ces deux lieux différents ? Comment as-tu pu tromper la précaution cruelle que j'avais prise pour t'éloigner de moi ?... »

« O mon père ! m'écriai-je, c'est un triomphe de Celle que l'on n'invoque jamais en vain..... Après un trait si touchant de sa miséricorde, comment ne pas en espérer tout désormais ? Oui, la Mère de Dieu connaît la force de l'amour paternel ; elle s'est servie de ce levier puissant pour détourner le plus terrible malheur qui pût nous arriver à tous deux, elle

fera ce qui reste à faire encore. En douter,
serait une ingratitude monstrueuse. Nous ne
serons pas souillés d'un tel crime. Courage
et confiance, ô mon père ! confiance en Dieu,
confiance en Marie : elle est le canal de ses
miséricordes. »

» Nous confondîmes alors nos embrasse-
ments, nos pleurs et nos actions de grâces.
Puis, acceptant tous les soins que je prenais
de lui, mon bon père trouva, dans un sommeil
réparateur, un calme et des forces dont je
comprenais l'urgence. Je le veillai toute la
nuit. Il m'eût été impossible d'ailleurs de m'en-
dormir une seule minute, tant de sentiments
agitaient mon âme ! La reconnaissance dominait tous les autres. Mais nous n'étions pas
sortis de notre triste situation...

» C'était au mois de juin ; il était six heures
et le jour était déjà grand lorsque j'entendis
un léger coup de sonnette à la porte de la
rue. Craignant que la vieille domestique n'eût
pas entendu, et ne voulant pas provoquer un
second coup qui aurait pu éveiller mon père,
je descendis sans bruit pour ouvrir. Quel
autre prodige ! C'était un digne vieillard, ami
de ma famille, dont la bonté nous était connue,
mais à laquelle on eût craint de faire appel
en cette circonstance, par un juste sentiment
de discrétion. « C'est vous que je veux, mon
enfant, me dit-il avec un délicieux sourire.
Quoi ? vous avez pu me cacher vos tourments ?
Où donc est l'amitié dans ce bas monde ? »
Je baisai, en la baignant de mes larmes, la
main qu'il me tendait. Je l'introduisis chez
mon père. Il lui assura les premiers secours,
ranima son courage, lui ouvrit des débouchés

nouveaux... Dieu fit le reste, ou plutôt Dieu fit tout, car cette généreuse pensée vint de Lui seul. La manière toute providentielle dont notre digne ami nous dit avoir appris nos embarras, excita encore plus notre religieuse gratitude. Ma mère rentra peu de jours après. Il semblait que l'inutilité de ses pénibles démarches nous fît mieux sentir le prix des soins d'une sincère et généreuse amitié. »

LA santé d'Adélaïde Herbert s'était rétablie et elle ne voulait point rester inactive ; il lui tardait de se rendre utile à sa
famille. Mais que faire à seize ans ? L'enseignement, pour lequel Dieu lui avait donné
des dispositions particulières et tout l'attrait
d'une réelle vocation, était la voie qu'elle
voulait suivre ; il ne pouvait y avoir d'hésitation à cet égard. Elle priait beaucoup, et
pleine de confiance en Dieu, elle avait le
ferme espoir qu'il lui donnerait les moyens
d'atteindre le but qu'elle se proposait.

Un nouveau pensionnat venait de se fonder, dans la paroisse Notre-Dame, à Amiens ;
les élèves y étaient encore peu nombreuses.

Une amie de la famille Herbert parla d'Adélaïde en termes si élogieux à la directrice,
Melle Cheneau, que cette dernière eut un vif
désir de l'avoir auprès d'elle, et lui fit proposer d'entrer dans son pensionnat comme
sous-maîtresse.

Adélaïde accepta avec reconnaissance ce
modeste emploi, sans se douter que Deiu
l'avait conduite là comme par la main et que
son avenir venait de se décider.

Déjà chez la Sœur Daudigny elle s'était
exercée à l'enseignement des enfants ; elle
n'était donc point à ses premiers essais lorsqu'elle arriva chez Melle Cheneau.

Elle se mit à l'œuvre avec intelligence et dévouement, se donnant tout entière à ses nouvelles fonctions. Heureuse de se trouver dans ce milieu d'enfants qui était son élément, elle eut bientôt sur ces jeunes âmes une influence très marquée. Son affabilité, sa douceur, sa fermeté même, toujours dictée par la justice, lui acquirent l'estime générale. Par son exemple et par ses paroles, elle savait porter ses élèves à la piété. Elle donna une direction sérieuse aux études ; elle veillait sur tout, même sur les jeux, les partageant parfois pour en éloigner la dissipation. C'est ainsi qu'elle était devenue extrêmement précieuse à Melle Cheneau.

Adélaïde aurait été très heureuse dans cette humble situation si elle y avait trouvé la possibilité de venir en aide à ses parents ; mais le petit pensionnat était dans un état fort précaire, et la directrice, malgré son vif désir de la conserver, ne pouvait lui offrir les moyens d'accomplir sa tâche filiale. Ce ne fut pas sans de vifs regrets que Melle Herbert quitta cette maison, pour laquelle elle se sentait un grand attachement. Elle ne pouvait comprendre alors, comme elle le fit plus tard, avec quelle bonté et quelle sagesse Dieu la préparait à la mission qu'elle devait remplir. Dès cette époque, Adélaïde possédait les qualités et même les vertus qui font une parfaite institutrice, mais il lui manquait cette expérience des hommes et des choses que rien ne peut remplacer. Les quelques années qui vont s'écouler pour elle dans une situation toute différente, lui donneront cette connaissance du monde qui lui était nécessaire, et qu'elle n'aurait pas acquise si elle fût restée sous-maîtresse au pensionnat de Melle Cheneau.

Mme la marquise de Doudeauville cherchait une institutrice pour ses deux jeunes enfants. La supérieure des Dames du Sacré-Cœur d'Amiens, qui portait toujours un grand intérêt à Adélaïde Herbert, la lui proposa. Elle savait que la piété, les qualités morales et intellectuelles de sa jeune protégée seraient bien vite appréciées.

Ses parents eussent été inquiets de la voir accepter une position qui n'était pas sans difficulté ni même sans danger pour une jeune fille de dix-sept ans, s'ils n'avaient connu la maturité de son jugement et le sérieux de son caractère.

Adélaïde, de son côté, trouva dans son dévouement filial le courage de se séparer de parents si tendrement aimés. Elle allait travailler pour eux et aucun sacrifice n'aurait pu l'arrêter.

Elle partit donc pour Paris, où Mme la marquise de Doudeauville passait les hivers. Son premier soin fut d'étudier le caractère et les aptitudes des deux enfants dont elle devait s'occuper : Marie, l'aînée, avait cinq ans, et Louis venait d'atteindre sa quatrième année. Ses élèves étaient bien jeunes, mais elle avait déjà assez d'expérience en matière d'éducation pour être convaincue qu'il faut commencer de bonne heure une œuvre si importante. Elle rédigea un règlement et un plan d'études qui obtinrent une pleine et entière approbation.

Sa bonté, sa patience, son égalité d'humeur,

et l'attrait particulier qu'elle savait donner à son enseignement, lui attirèrent bientôt la confiance et l'affection de ses élèves. S'étant formé une idée très juste des règles qui doivent présider à l'éducation, elle proportionnait à leur âge et à leurs aptitudes ce qu'elle leur demandait comme travail et comme application.

Du reste, il y avait pour Adélaïde une satisfaction intime dans l'accomplissement de sa tâche. La candeur, la simplicité naïve, la docilité confiante de ses deux jeunes élèves, lui donnèrent bientôt l'espérance, pour ne pas dire la certitude, qu'elle pourrait facilement remplir auprès d'eux la mission qu'elle avait acceptée.

Sans doute ils avaient les défauts de leur âge, mais en eux tout était souple, et il serait facile de redresser ces tendres plantes et de les élever vers le Ciel, ce qui était avant tout sa sainte ambition.

Pour être à la hauteur de sa tâche, qu'elle estimait très grande et très noble, Adélaïde ne comptait pas sur ses propres forces : elle demandait le secours de Dieu, et nous la voyons, pendant cette première période de sa vie, chercher dans la prière, dans l'accomplissement de ses devoirs religieux, les lumières et le soutien dont elle avait besoin.

Elle assistait chaque matin à la Messe avec une ferveur vraiment angélique, et s'approchait très fréquemment de la Sainte Table. Elle avait une telle habitude du recueillement intérieur et de la présence de Dieu que, pour ne pas perdre de temps, elle faisait sa méditation en allant à l'église. C'était un spectacle bien édifiant de voir cette jeune fille parcourant les rues de Paris uniquement occupée de Dieu et indifférente à ce qui l'environnait.

Grâce à cette piété vraie et solide, elle put acquérir un empire si complet sur elle-même, qu'aucun mouvement d'impatience ou de vivacité ne la mit jamais en défaut vis-à-vis de ses élèves.

Très douce, mais très ferme avec eux, elle leur facilitait l'accomplissement de ce qui aurait pu provoquer leurs murmures, ne leur demandant que des choses faciles et à leur portée ; mais, lorsqu'un travail ou un ordre était donné, elle ne revenait pas sur sa décision.

Elle était ingénieuse dans sa direction morale comme dans son enseignement. Elle n'aimait pas les punitions et s'en servait le plus rarement possible ; quand il fallait sévir, elle le faisait avec toutes sortes de précautions, afin qu'il n'y eût pas chez l'enfant de révolte intérieure. La plus forte punition était cinq minutes d'arrêt. Pour captiver l'attention de son élève et éviter que la mauvaise humeur n'envahît son âme, elle le tournait vis-à-vis de la pendule et l'engageait à regarder marcher les aiguilles. Ainsi préoccupé, le temps passait vite pour lui.

Les récréations, les promenades, une lecture intéressante lorsque le mauvais temps empêchait de sortir, tout était mis à profit pour l'enseignement des enfants, et ainsi, sans fatigue et sans ennui, des connaissances utiles venaient orner leur intelligence. Mais les instruire n'était pas la seule ambition d'Adélaïde ; elle poursuivait un but plus élevé, vers lequel convergeaient tous ses efforts : elle voulait imprimer profondément dans leurs âmes les sentiments religieux qui animaient la sienne, et leur inculquer les principes de cette morale vraie et pure qui est appuyée sur la loi de Dieu.

Mme la marquise de Doudeauville passait l'été à la campagne. Adélaïde aimait pour ses élèves cette vie au grand air, car elle trouvait, au milieu des champs et des bois où elle les promenait, de nouvelles occasions de leur parler de Dieu, de sa grandeur et de sa bonté.

Là aussi il lui était plus facile de les initier à la pratique de la charité. Elle pouvait leur faire secourir directement quelques familles indigentes. La visite des pauvres était le but le plus désiré des promenades de Marie et de Louis, et c'était une grande récompense pour eux que de leur porter quelques aumônes. Rien n'était touchant comme de les voir agenouillés devant les petits enfants auxquels ils essayaient des sabots, prix de leur sagesse et de leur application. Souvent ils réservaient pour eux les fruits et les friandises donnés comme dessert, et cela avec une joie qui était un précieux encouragement pour leur chère institutrice.

Un jour, en promenade, on rencontra un petit mendiant qui mangeait un morceau de pain noir.

— Pourquoi, dit Marie à Melle Herbert, son pain est-il si noir ?

Et, sans attendre la réponse, elle court au-devant du pauvre, lui donne son goûter et prend son morceau de pain. Adélaïde veut le lui retirer, craignant qu'il ne lui fasse mal.

— Pourquoi me le prenez-vous ? demande l'enfant étonnée. N'est-ce pas le pain du bon Dieu ?...

Charmante réponse qui prouvait les sentiments de foi qui animaient la petite Marie. Pour elle, déjà, le pauvre c'était Jésus-Christ.

Melle Herbert ne négligeait aucune occasion de développer les heureuses qualités qu'elle découvrait chaque jour dans ses élèves, et pour que rien ne vînt détruire ou affaiblir ces bonnes impressions, elle veillait sur eux avec une constante sollicitude, ne les quittant que lorsqu'ils étaient auprès de leur mère. Elle écartait d'eux, avec le plus grand soin, tout ce qui aurait pu être de nature à nuire à cette pureté et à cette innocence qu'elle voulait sauvegarder à tout prix ; elle les éloignait, autant qu'elle pouvait du contact du monde. Quand il y avait de grands dîners, elle faisait monter leur repas et le sien dans la salle d'études. Il était cependant des circonstances où il fallait conduire les chers enfants au salon, où leur grand-père maternel, le duc d'Aumont, réclamait leur présence. Leur mère tenait à ce qu'Adélaïde les y accompagnât. Elle obéissait, mais, toujours modeste, elle se retirait dans l'embrasure d'une fenêtre et travaillait à quelque ouvrage manuel.

Une nombreuse et brillante société se réunissait dans le salon de Mme de Doudeauville, et Adélaïde put ainsi connaître le monde sans s'y mêler. « C'est là, disait-elle plus tard, à demi cachée derrière un rideau, que j'ai pu voir de près ce qu'était le monde et apprécier la futilité de la plupart des conversations qui s'y tiennent. Que d'injustes critiques, que de coupables médisances, que d'odieuses calomnies même sont venues frapper mes oreilles et contrister mon cœur ! »

Un soir, en sortant du salon, Marie exprima le regret de n'avoir pas de jolies robes à volants comme celles qu'elle venait de voir aux belles dames qui étaient chez sa mère. Adélaïde, inquiète du sentiment de vanité naissante qui se manifestait chez sa chère petite élève, réfléchit un instant, et ne tarda pas à trouver le moyen de tirer une leçon utile de ces premières velléités d'amour de la toilette. Dès que l'enfant fut couchée, elle se mit à l'ouvrage et, avec l'aide de la femme de chambre, confectionna une jolie robe à volants, que Marie trouva le lendemain matin au pied de son lit. Elle fut ravie de voir ses désirs si vite satisfaits. La robe était charmante et elle s'en revêtit en exprimant sa joie.

Vint l'heure de la récréation, pendant laquelle Marie et Louis se livraient aux jeux de leur âge. Ils couraient, jardinaient, et Adélaïde encourageait leurs ébats. Marie voulut, comme elle le faisait chaque jour, s'amuser avec son frère. Il y avait là des pelles, des seaux, de gentilles brouettes, et Louis charriait du sable pour les allées de son petit jardin. Avec sa vivacité ordinaire, Marie se précipita vers lui. Adélaïde la rappela.

— Quand on a une belle robe, lui dit-elle, on ne risque pas de l'abîmer avec du sable ou de la terre.

— Eh bien, que fait-on alors pendant la récréation ?

— On se promène gravement comme le

font les belles dames dont vous admiriez hier soir la toilette.

Marie, un peu attristée, se résigna pendant quelques instants.

Louis, étonné de n'avoir pas l'aide de sa sœur, l'appelait pour lui faire partager ce nouveau jeu qui le divertissait beaucoup. Marie n'y tint plus. Elle supplia son institutrice de la laisser rejoindre son frère pour jouer avec lui.

— Cela n'est pas possible, mon enfant, avec une si belle robe !

— Je vous en prie, dit alors Marie en pleurant, ôtez-moi cette vilaine robe qui me rend si malheureuse !

Le but était atteint. Adélaïde emmena son élève, lui remit ses vêtements de tous les jours, et la belle robe à volants fut suspendue dans la chambre de l'enfant, qui ne pouvait la regarder sans qu'une sorte de terreur ne l'envahît.

Mme la marquise de Doudeauville était si heureuse des excellents résultats obtenus par Adélaïde dans l'éducation de ses enfants, qu'elle lui laissait, à cet égard, toute liberté d'action.

Souvent, lorsque la jeune institutrice venait lui rendre compte du travail et des progrès de ses élèves, elle la retenait près d'elle. Sa grande piété lui faisait trouver un charme particulier dans ces entretiens tout intimes. Elle était profondément édifiée des admirables sentiments de foi qui se manifestaient non seulement dans les paroles, mais encore dans toutes les actions d'Adélaïde, qui, lorsqu'elle parlait de Dieu et de la religion, le faisait avec une touchante onction, et même avec une véritable éloquence.

M. le duc d'Aumont appréciait le tact et la prudence d'Adélaïde, et lui avait confié plusieurs missions délicates dont elle s'acquitta avec succès. Elle avait, du reste, conquis l'estime de toutes les personnes avec lesquelles la famille d'Aumont était en relations. La duchesse d'Angoulême l'avait remarquée et lui portait un véritable intérêt. Dans plus d'une circonstance, elle lui manifesta des sentiments affectueux qui laissèrent dans son âme une profonde gratitude.

Les fêtes de famille étaient une nouvelle occasion pour Melle Herbert de se rendre agréable. Elle composait alors des compliments, de petites pièces de vers que Marie et Louis récitaient à leurs parents. On les avait trouvés si bien réussis, que souvent son jeune talent poétique était mis à contribution dans les réunions intimes. Elle se prêtait volontiers au désir de Mme de Doudeauville, à la seule condition de n'être point connue.

Près de quatre années s'étaient écoulées depuis l'arrivée de Mlle Herbert chez Mme de Doudeauville. Les progrès des enfants avaient été rapides, et sous tous les rapports leur mère avait à se louer de l'heureux choix qu'elle avait fait. Elle saisissait du reste toutes les occasions de prouver sa reconnaissance à la jeune institutrice. Elle lui avait fait arranger un charmant petit appartement dans l'une des parties de son hôtel, afin qu'elle y trouvât le calme et la tranquillité qu'elle recherchait toujours pour ses élèves. La chambre qui lui était destinée avait été particulièrement soignée et ornée de charmants tableaux et de jolis meubles.

A peine ces arrangements intérieurs étaient-ils terminés que de graves événements politiques vinrent de nouveau tout bouleverser en France.

Napoléon sortit de l'île d'Elbe le 1er mars, et le 20 il était à Paris. A son passage à Lyon, il avait publié, entre autres décrets, celui qui ordonnait aux émigrés, rentrés en France depuis le 1er avril 1814, de sortir sur-le-champ du territoire de l'Empire, sous peine, quinze jours après la promulgation du décret, d'être arrêtés et jugés conformément aux lois portées par les assemblées révolutionnaires, qui punissaient les émigrés de la peine de mort.

Charles X reprit alors le chemin de l'exil, et un grand nombre de familles nobles l'imitèrent. Mme de Doudeauville partit avec ses enfants et Mlle Herbert pour l'Angleterre. La traversée fut difficile ; le vent était très fort et on resta plusieurs jours en mer. En arrivant à Londres, on s'aperçut que les bagages avaient été oubliés à Calais, ce qui causa une pénible gêne, qu'Adélaïde chercha à atténuer par ses délicates prévenances.

La marquise de Doudeauville avait pris fort à cœur la rentrée de Napoléon en France. Elle craignait que son mari et son père ne fussent compromis dans quelque conflit. Les événements de la grande Révolution avaient rempli son esprit de terreur. Quelque temps après son arrivée en Angleterre, un soir où, pleine d'inquiétude, elle se désespérait d'être sans nouvelles, la pensée lui vint d'envoyer

Adélaïde en chercher dans un hôtel de Londres, où plusieurs officiers français devaient être arrivés. Mlle Herbert ne connaissait pas la ville, et à cette époque elle écrivait plus facilement l'anglais qu'elle ne le parlait ; elle ne voulut cependant point attrister la marquise par un refus, mais, justement effrayée, elle se fit accompagner par le sacristain de la Chapelle française. Il ne savait pas un mot de notre langue. C'était une sauvegarde et nullement un secours pour elle. A force de signes, elle parvint enfin vers minuit à l'hôtel indiqué, où elle eut l'heureuse chance de rencontrer plusieurs Français qui lui donnèrent des nouvelles du marquis de Doudeauville. Lorsqu'elle parlait plus tard de cette excursion dans les rues de Londres au milieu de la nuit, elle avouait qu'elle avait été peu rassurée, et que, plusieurs fois, elle avait invoqué la protection de son ange gardien.

La santé de Mme de Doudeauville avait été fort ébranlée par les secousses et les inquiétudes que lui avait causées son départ précipité de la France. Elle tomba gravement malade et l'on eut des craintes très vives pour sa vie. Adélaïde la soigna avec un dévouement admirable ; elle passa dix-sept nuits auprès d'elle sans prendre aucun repos ; elle l'entourait des soins les plus affectueux, cherchant par tous les moyens possibles à rendre moins pénible l'isolement qu'entraînait forcément son éloignement de la France.

Un jour qu'elle était dans un état d'exaltation extraordinaire causé par la fièvre, elle supplia Adélaïde de s'habiller en blanc pour aller chercher son confesseur, ne devant le trouver, disait-elle, que dans ce costume. Malgré la singularité de cette exigence, Melle Herbert obéit pour éviter une plus grande surexcitation. L'eau tombait à torrents ; elle partit quand même ; mais son dévouement et sa patience furent récompensés, car à peine était-elle sortie de l'hôtel qu'elle rencontra le Père Chaumont, de la Compagnie de Jésus, qu'elle était allée chercher. Il s'efforça de calmer la pauvre malade par de bonnes et douces paroles, et parvint à lui rendre un peu de calme d'esprit. Elle voulut absolument que Melle Herbert se confessât aussi. Adélaïde suivit le Père dans un appartement voisin ; il causa quelques instants avec elle, et, admirant sa prudence et son abnégation, il l'encouragea dans sa mission de dévouement.

Au milieu de toutes les inquiétudes et de toutes les difficultés qui étaient la conséquence de la maladie de Mme de Doudeauville, Dieu n'abandonnait pas Adélaïde. Elle trouva à Londres, dans M. l'abbé Carron, qui fut en Angleterre la Providence des exilés français, un guide spirituel dont les conseils, pleins de sagesse et de lumière, ne s'effacèrent jamais de son âme.

Il fut pour elle d'une bonté paternelle. Toutes les fois qu'elle pouvait s'échapper un moment, elle allait à Kensington-Gore, où M. l'abbé Carron s'était retiré à cette époque, et en revenait toujours fortifiée. Elle avait fait aussi la connaissance des personnes distinguées qui aidaient le saint prêtre dans ses œuvres, et particulièrement de M^{elles} de Tremereuc, de Lucinière et de Villiers, qu'elle fut bien heureuse quelques années après de revoir à Paris.

Le jour de l'Assomption 1815, disposant de fort peu de temps, elle se dirigeait en toute hâte vers la chapelle de M. l'abbé Carron. Pour abréger la distance, elle traversa le jardin de Washington et, trouvant la porte de sortie fermée, elle alla vers une seconde porte, qui l'était également. Elle eut recours à l'un des gardiens, qui ne parvint pas à les ouvrir. L'heure s'avançait, et retourner par un autre chemin, c'était certainement manquer la Messe. Son esprit de foi lui inspira la pensée de prier l'ange qui avait délivré saint Pierre de sa prison. Pleine de confiance, elle retourna à la première porte, posa sa main sur le bouton de la serrure, et la porte s'ouvrit à l'instant même.

Reconnaissante et heureuse de cette visible protection d'en haut, elle reprend sa course et arrive au moment où l'abbé Carron sonnait la Messe. Elle lui demande de la confesser, puis elle assiste au Saint Sacrifice, où elle communie au milieu de ses compatriotes en ce jour anniversaire de celui où le roi Louis XIII consacrait son royaume à Marie. C'était encore avec émotion qu'elle parlait plus tard du bonheur qu'elle avait goûté pendant cette heure trop vite écoulée qui avait été une douce trêve à sa tristesse et à ses inquiétudes.

La santé de Mme de Doudeauville ne s'était pas complètement rétablie. Toute la responsabilité, non seulement des enfants, mais encore de la maison et de sa direction, retombait sur Adélaïde, qui en était effrayée. Elle exposa ses perplexités au bon abbé Carron, qui lui conseilla d'écrire au marquis de Doudeauville. Celui-ci ordonna le retour en France, où le calme était rétabli.

Melle Herbert régla toutes choses, fit rapidement les préparatifs du départ, se chargea elle-même des diamants et des valeurs, qu'elle dissimula dans une ceinture, et partit avec Mme de Doudeauville, les enfants et les personnes attachées au service de la maison. On s'arrêta à Amiens. La Supérieure du Sacré-Cœur était alors Mme de Gramont. Elle avait engagé Mme la marquise de Doudeauville, qui était l'une de ses amies intimes, à prendre auprès d'elle quelques jours de repos. Adélaïde se retrouva ainsi dans un milieu ami, et son retour en Picardie causa une bien grande joie à ses chers parents.

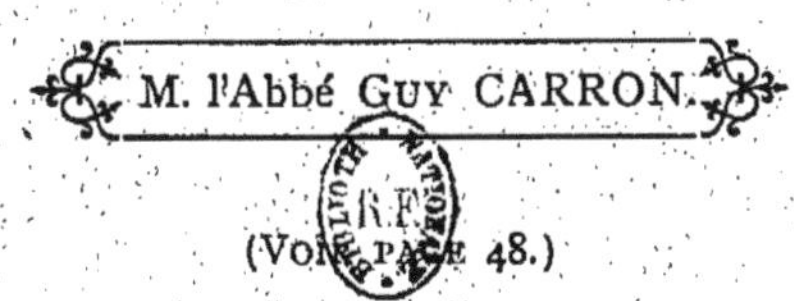

(VOIR PAGE 48.)

Né à Rennes en 1760. — Déporté à Jersey en 1792.

Fondateur de plusieurs établissements charitables en France

et en Angleterre.

Auteur d'un grand nombre d'ouvrages religieux.

Mort à Paris en 1821.

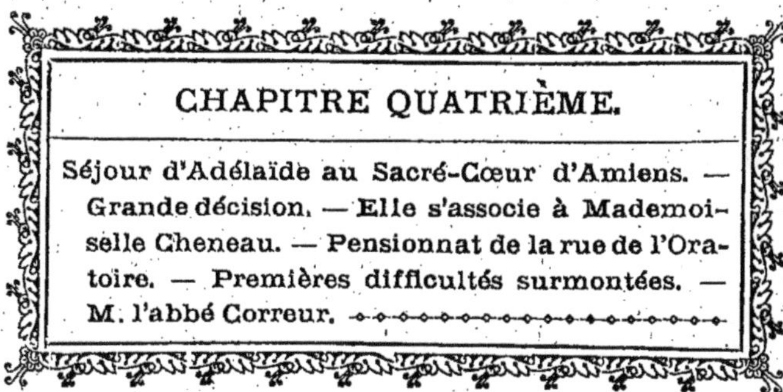

A DÉLAÏDE avait conservé pour ses chères maîtresses, et en particulier pour Mme Barat, une filiale affection. Le désir de s'unir à elle, et de n'être occupée que de Dieu et de cette œuvre d'éducation pour laquelle elle se sentait un vif attrait, était dans son cœur depuis longtemps.

Son séjour en Angleterre, dans les tristes circonstances qui l'avaient accompagné, les fatigues qu'elle y avait éprouvées, rendaient nécessaires quelques semaines de calme et de repos. Elle accepta la bonne et si douce hospitalité que lui offrirent les Dames du Sacré-Cœur, et voulut en profiter pour l'examen sérieux de sa vocation. Elle avait vingt-et-un ans ; il était temps de décider quelle était la voie qu'elle devait suivre.

Elle venait de passer trois ans dans le monde ; elle avait appris à le connaître et elle en rapportait un désir plus grand de le quitter. D'un autre côté, la situation de ses parents était toujours la même ; ils avaient besoin de son aide, et c'était cette considération qui l'avait décidée à accepter les fonctions d'ins-titutrice chez la marquise de Doudeauville. M. et Mme Herbert n'auraient sans doute pas mis opposition à l'entrée de leur chère fille au couvent, ils ne se croyaient pas le droit d'entraver sa vocation ; elle était donc parfaitement libre dans le choix qu'elle avait à faire. Dans cet état de perplexité, elle passait de longues heures à la chapelle, demandant au divin Maître de l'éclairer. Un jour, qu'elle était restée plus longtemps encore que de coutume en méditation devant le Saint Tabernacle, elle prit un livre qui se trouvait sous sa main, l'ouvrit, et ses yeux rencontrèrent cette parole tombée des lèvres du Sauveur : « Pourquoi transgressez-vous le commandement de Dieu pour votre tradition ? car Dieu a dit : Honore ton père et ta mère, etc. (1). » Dans la disposition d'esprit où se trouvait Adélaïde, cette parole fut pour elle la réponse à sa prière. Il n'y eut plus aucune hésitation dans cette âme droite et généreuse qui ne voulait qu'une chose : faire la volonté de Dieu. Des conseils sages et éclairés vinrent s'ajouter à la forte impression qu'elle venait de recevoir, et elle vit une nouvelle preuve de cette divine volonté dans la proposition qui lui fut faite, à cette époque même, de s'associer avec Melle Cheneau pour la direction du pensionnat dans lequel elle avait déjà passé quelque temps comme sous-maîtresse. M. l'abbé Correur, vicaire-général du diocèse, qui était son directeur, lui conseilla d'accepter cette situation. L'obéissance lui traçait donc la voie qu'elle avait à suivre ; elle y entra avec courage, sacrifiant généreusement ses plus chères aspirations.

Elle quitta le Sacré-Cœur avec bien des larmes, et nous la verrons revenir souvent

---

1. Matthieu, ch. XV, v. 3, 4, 5, 6, 7.

dans cette chère maison, où elle trouvait des exemples si utiles et si encourageants en même temps que des preuves d'affection qui ne lui firent jamais défaut. Cette union de cœur qui existait entre Adélaïde et les femmes admirables dont elle avait été l'élève, devait subsister pendant toute sa vie et en être l'une des plus douces consolations.

Arrivée presque à la fin de sa carrière, elle écrivait à Mme Barat : « Près d'un demi-siècle s'est écoulé depuis le jour où je sacrifiai le bonheur de vivre auprès de vous à l'accomplissement d'un devoir sacré. Vos bontés, votre affection, m'ont suivie dans l'humble carrière que m'ouvrait la Providence, et m'y ont encouragée et soutenue. »

La situation que Melle Herbert venait d'accepter n'était pas sans difficulté. Melle Cheneau avait dû chercher dans l'enseignement un moyen d'existence ; ses intentions étaient excellentes, mais plusieurs des qualités nécessaires et même indispensables pour la direction d'une maison d'éducation lui faisaient défaut. L'esprit d'ordre en particulier lui manquait complètement. Il en résultait de regrettables lacunes, et l'avenir de l'établissement pouvait en souffrir. Adélaïde, sans aucune ressource personnelle, se trouvait donc, dès les premiers jours, aux prises avec des embarras pécuciaires qu'elle n'avait point prévus, et qui auraient découragé une âme moins énergique que ne l'était la sienne. Elle se voyait en présence d'un arriéré considérable, et il fallait cependant suffire aux justes exigences d'un personnel nombreux. Elle déploya alors une activité incessante ; un tact exquis présidait aux changements devenus urgents.

Les fournisseurs reprirent confiance, et petit à petit elle parvint à rétablir l'équilibre; mais il ne lui fallut pas moins de dix ans de travail opiniâtre pour y arriver.

Plusieurs des élèves de Melle Cheneau, qui l'avaient connue avant son départ pour l'Angleterre, étaient encore au pensionnat ; en la voyant revenir comme directrice, leur joie fut bien grande et elles la lui témoignèrent d'une façon touchante. Les familles se réjouirent aussi de ce retour, et bientôt le nombre des pensionnaires augmenta à ce point qu'il fallut songer à choisir un local plus spacieux. On en trouva un dans la rue de l'Oratoire, en face du Sacré-Cœur, ce qui parut un heureux présage à Melle Herbert. Quelques années plus tard, un jour que ses nombreuses élèves passaient devant les fenêtres du cabinet de travail de Mme Barat, Mme de Charbonnel, qui était près d'elle, lui dit : « Ma Mère, ce sont les enfants d'Adélaïde, bénissez-les. » Et la vénérable fondatrice demanda les bénédictions du Ciel pour ce petit troupeau qu'elle savait si bien dirigé.

M. l'abbé Duminy, le digne et pieux curé de la cathédrale, qui avait aussi engagé Melle Herbert à prendre la direction du pensionnat, s'ingéniait à lui être utile. Afin de montrer la confiance qu'il avait en elle, il voulut la charger de l'éducation de ses deux petites nièces; il recommanda son établissement à toutes les familles honorables avec lesquelles il se trouvait en rapport, et elles s'empressèrent également de lui amener leurs enfants.

Adélaïde se trouvait donc heureuse, puisque toute son ambition était d'avoir beaucoup d'enfants à qui elle pût apprendre à connaître et à aimer Dieu.

Mais afin que ce bien fût solide, il fallait trouver pour l'âme de ces chères enfants un directeur éclairé, et ici encore la Providence lui vint merveilleusement en aide.

M. l'abbé Correur, qu'elle avait vu pour la première fois au moment de sa Confirmation, était, dans les desseins de Dieu, ce guide sage et prudent qui devait la diriger et la conduire dans l'œuvre si importante qu'elle entreprenait. Nous retrouverons si souvent son nom mêlé au bien que fit Melle Herbert, qu'il n'est pas inutile de consacrer quelques pages à l'histoire d'une vie si précieuse devant Dieu.

M. l'abbé Correur naquit à Léalvillers (Somme) le 27 avril 1763. Il avait neuf ans lorsque son oncle maternel, respectable curé de Castel, se chargea de son éducation. A la liberté presque illimitée dont il avait joui jusque-là, succéda un travail assidu ; aucun moment ne fut perdu pour son instruction, car son oncle savait profiter de toutes les circonstances pour élever son esprit et pour former son cœur. Ses aptitudes, son caractère, ses bonnes inclinations comme ses défauts naturels, étaient étudiés avec soin. Le sage instituteur encourageait, réprimandait, corrigeait même au besoin son élève avec autant de fermeté que de douceur ; mais il préférait user des récompenses plutôt que des punitions, et l'une de celles dont l'enfant se montrait le plus fier, était de faire à son oncle une lecture à haute voix. Le sujet en était souvent la Vie des Saints et des Martyrs ; souvent aussi, le lecteur de dix ans, dont la sensibilité était déjà profonde, cherchait en vain à cacher ses larmes. Quelques réflexions sur la nature du vrai courage, la source qui le produit, la fin qu'il se propose, furent peut-être alors le germe des pensées sérieuses qui se développèrent plus tard dans l'âme du jeune enfant. L'habitude du travail, l'exacte vigilance et les soins constants dont il était l'objet, le préparèrent merveilleusement à sa première Communion. Il apportait à la sainte Table une foi vive, une âme pure ; aussi cette grande action fit-elle sur son cœur une impression si profonde que, jusque dans l'extrême vieillesse, le souvenir de ce jour heureux le touchait vivement.

Dix-huit mois plus tard, le jeune Correur entra au collège d'Amiens pour y faire sa quatrième. Ses progrès furent si rapides, qu'au bout d'un an il concourut avec des rhétoriciens distingués, et l'emporta sur eux pour l'obtention d'une bourse au collège du Plessis, auquel il fit honneur en remportant les premiers prix du grand concours.

La carrière de l'éducation s'offrait naturellement à lui ; il professa pendant quelque temps au collège Louis le Grand ; mais Dieu l'appelait à l'état ecclésiastique et il entra chez les Prémontrés. Il était le secrétaire particulier du général de l'Ordre, le vénérable M. l'abbé Lecuy, qui mourut vicaire-général de Paris, et remplissait en même temps les

fonctions de professeur de rhétorique au
célèbre collège que les Prémontrés avaient

Pensionnat de Mᶜˡˡᵉ Herbert de la rue de l'Oratoire.

à Paris. Les sept années qui suivirent furent,
disait-il, les plus douces de sa vie. La retraite,

l'ordre, les pieux exercices, les charmes de l'étude, voilà bien en effet ce qui pouvait former les éléments de son bonheur.

La Révolution française força les Prémontrés à se disperser. M. l'abbé Correur accepta alors l'offre qui lui fut faite de se retirer dans un château de l'Orléanais pour s'y occuper d'une éducation particulière. Mais lorsque les décrets d'expulsion du clergé privèrent les catholiques de tout secours spirituel, son zèle d'apôtre lui fit entrevoir la possibilité de remplir un ministère dangereux peut-être, mais certainement fructueux pour les âmes. Deux oncles, qui partaient pour l'exil, l'appelèrent en vain auprès d'eux. Il revint dans son diocèse et se mit à la disposition des vicaires généraux qui dirigeaient secrètement les fidèles au nom de l'évêque exilé. Nous voudrions pouvoir le suivre pendant les années les plus orageuses de la crise révolutionnaire. Caché pendant le jour dans une pauvre masure, il en sortirait à l'entrée de la nuit pour parcourir les uns après les autres les villages environnants à quatre, cinq et même six lieues à la ronde. Ni les plus sinistres avertissements, ni les rigueurs des saisons ne l'arrêtèrent jamais un instant. Bien des fois, au milieu de l'obscurité la plus profonde, sous une pluie battante, il passa et repassa la rivière d'Ancre qui traversait le canton qu'il secourait, tantôt se hissant sur des échelles nouées à la hâte, tantôt confiant sa liberté, sa vie même, à un batelier inconnu; bien des fois aussi, sur la terre couverte de neige, un tronc d'arbre, une pierre marquant la limite entre deux pièces de terre, servaient

La Vénérable Mère BARAT.

(Voir page 53.)

Fondatrice et première Supérieure générale
de la Société du Sacré-Cœur de Jésus,
née à Joigny (Yonne), le 12 décembre 1779,
décédée à Paris, le 25 mai 1865.

de siège pour entendre la confession de quelques fervents catholiques qui venaient l'attendre au passage.

Parvenu au bout de sa course nocturne, il entrait par les jardins ou les haies dans la maison où s'étaient réunis les fidèles ; il prêchait et confessait une partie de la nuit, disait la Sainte Messe, distribuait la Communion, puis, suivant les circonstances, retournait à sa masure avant le jour ou acceptait jusqu'au soir l'hospitalité qui lui était offerte. Un lit de paille, quelques mets grossiers lui suffisaient. La nuit venue, il reprenait ses courses, dont l'itinéraire était fixé d'avance. Il entrait ici pour visiter un infirme, là pour baptiser un enfant qui venait de naître, plus loin pour administrer un malade qui allait mourir. Il portait toujours l'Hostie sainte sur sa poitrine, et Jésus était doublement son Sauveur, car il échappa plusieurs fois au danger d'une mort certaine. Lorsqu'il s'agissait d'administrer un malade menacé d'une mort très prompte, il n'écoutait que son zèle et partait alors en plein jour. Parfois il trouvait la maison remplie de personnes hostiles à la religion ; mais son sang-froid était imperturbable. Il entamait une conversation, et la soutenait avec une telle adresse, que les malencontreux visiteurs sortaient enchantés du médecin étranger ou de l'habile vétérinaire dont ils venaient de faire la connaissance. Les besoins des âmes le ramenaient quelquefois à Amiens ; il en escaladait les remparts, dont il connaissait les endroits accessibles, visitait quelques pieuses réunions, célébrait les saints Mystères, et sa joie était grande lorsqu'il rencontrait quelques pieux confrères. Il y passait quelques jours, puis regagnait par le même chemin ses paroissiens habituels. Vint enfin le moment où le Seigneur honora son fidèle serviteur de ces liens au milieu desquels l'apôtre saint Paul tressaillit de joie. Il achevait un matin de célébrer la sainte Messe lorsqu'on l'avertit qu'il était dénoncé et que des gendarmes entouraient la maison. Il y avait dans cette demeure, souvent transformée en chapelle, une cachette sûre, et plusieurs fois déjà il y avait eu recours ; mais un autre ecclésiastique âgé se trouvait avec lui. En vain ce dernier se joignit aux habitants pour le supplier de prendre ce moyen de salut ; la cachette ne pouvant contenir qu'une personne, l'abbé Correur ne voulut point en profiter. De son côté, le vieillard refusa absolument de sauver ses jours aux dépens de ceux d'un ouvrier si utile à l'Église ; ils restèrent donc tous les deux exposés à une arrestation qui ne tarda pas à s'accomplir. Conduits à Albert, ils passèrent la nuit dans la prison qu'on appelait le château. Les fidèles parvinrent à pénétrer jusqu'à eux pour leur apporter quelques secours, et, le lendemain, ils leur fournirent des chevaux pour se rendre à Amiens, afin de leur éviter la fatigue d'un parcours de cinq à six lieues à pied. « Je montai alors, raconte lui-même l'abbé Correur, un vieux cheval d'escadron, vigoureux et encore fort alerte. Il m'avait servi souvent dans mes courses lointaines. Je connaissais le pays, et, arrivé au bois d'Heilly, la pensée me vint de tourner bride, car j'étais certain d'échapper ; mais un coup d'œil sur mon compagnon, et la crainte de rendre sa position plus pénible, suffit pour m'ôter la tentation de fuir. » En arrivant à Amiens, les prisonniers furent enfermés à la Conciergerie ; ils y restèrent trois semaines dans une prison obscure, employant en plein jour la vacillante lumière d'une chandelle pour dire leur bréviaire. « Et moi, ajoutait-il, comme étant le plus jeune, je faisais la sentinelle, et pendant la nuit j'avais la charge de chasser les rats. »

A force de démarches, on obtint, à cause du mauvais état de santé du compagnon de l'abbé Correur, leur translation à la prison de Bicêtre, dont les locaux étaient plus vastes et moins insalubres. Là se trouvaient déjà incarcérés douze ecclésiastiques tous plus âgés que l'abbé Correur. Les Français, ainsi qu'on l'a bien souvent constaté, sont ingénieux à tirer le meilleur parti possible des situations les plus pénibles. On s'organisa, on se partagea les charges du gouvernement. On vivait dans une douce union, s'encourageant, se soutenant mutuellement. Au nombre des prisonniers se trouvait le Père Ildefonse, religieux d'un Ordre austère, que son âge avancé et ses infirmités auraient dû soustraire à la persécution. Il fut soigné avec une tendresse filiale. Dieu le rappela à lui, et ses compagnons de captivité, qui l'avaient assisté dans ses derniers moments, après avoir récité ensemble l'Office de l'Eglise auprès de sa dépouille mortelle, le conduisirent jusqu'à la porte de leur prison.

Cette captivité de plusieurs années ne fut point infructueuse. Les vertueux ecclésias-

tiques avaient conquis la confiance du régis-
seur de Bicêtre, qui était un homme honnête
et vraiment humain ; il leur facilitait les
moyens d'exercer leur ministère auprès des
nombreux fidèles qui venaient les trouver.
L'abbé Correur surtout, très connu et très
estimé à Amiens, exerçait un ministère des
plus actifs. Instruire, confesser, bénir des
mariages, diriger dans la piété des âmes fer-
ventes, ramener les pécheurs éloignés de
Dieu, prier pour tous, tel était l'emploi de ses
journées.

Un court intervalle de paix permit la sortie
du plus grand nombre des prêtres captifs.
L'âge, les infirmités, des motifs particuliers
que l'on sut faire valoir, leur procurèrent la
liberté. Plusieurs amis dévoués de M. l'abbé
Correur voulaient lui rendre le même service ; ils en furent détournés par le directeur
de la prison. « Le faire sortir d'ici, leur
disait-il, c'est l'envoyer à l'échafaud ; le calme
ne peut être de longue durée, et son zèle ne
saurait connaître de repos. Il sera repris et
vous aurez à pleurer sa mort. » Ce conseil
était sage, et il fut suivi.

Resté seul, l'abbé Correur continua de
remplir tous ses moments par les saintes
occupations de son ministère. Une seule fois
il éprouva un sentiment d'ennui. « Humilié de
cette indigne faiblesse plus que je ne saurais
l'exprimer, disait-il plus tard, je me proster-
nai devant le saint Tabernacle : O mon Dieu !
m'écriai-je, pardonnez-moi, je vous en conjure !
Eh quoi ! mon Sauveur partage ma captivité
et je pourrais désirer un sort plus heureux
que mes chaînes ? Ce sentiment disparut pour

toujours, et la paix la plus douce fut rétablie dans mon âme. »

La persécution se ralluma et plusieurs des anciens compagnons du prisonnier vinrent le rejoindre. Ils le retrouvèrent le même, et lorsqu'enfin les portes de Bicêtre s'ouvrirent pour tous, son zèle d'apôtre s'exerça avec une nouvelle ardeur.

Plusieurs paroisses sur les frontières de l'Artois avaient réclamé son ministère. Il vint y préparer les enfants à la première Communion, d'autres au Baptême, car il s'en trouvait un grand nombre qui n'avaient point reçu ce sacrement à cause des temps troublés que l'on traversait. L'exercice du culte n'était pas encore autorisé. Un prêtre assermenté le dénonça et le fit arrêter. Cette fois, ce fut comme un indigne malfaiteur, étroitement garrotté, que les gendarmes le conduisirent, ou plutôt le traînèrent jusqu'à Arras.

« Oh ! si vous saviez, écrivait-il à un ami, quelle joie inonda mon âme quand je me vis en cet état ! J'espérais être arrivé au terme et avoir enfin obtenu de verser mon sang pour Celui qui a versé le sien pour nous. » Mais ce martyre si désiré lui manqua, et, après un mois d'emprisonnement, on le remit en liberté sans exiger de caution, parce que le tribunal refusa de le juger.

Sorti de prison le 7 décembre, il était le lendemain dans la paroisse qu'il avait évangélisée pour y célébrer la fête de l'Immaculée-Conception. Il fit faire la première Communion aux enfants qu'il avait préparés et administra vingt-cinq baptêmes.

Le geôlier de la prison d'Arras avait cinq

garçons qu'il appelait les cinq bandits, tant ils étaient difficiles à conduire. Pendant les quelques semaines qu'y passa l'abbé Correur, il avait entrepris de leur faire le catéchisme; ils l'écoutaient avec une grande attention, et bientôt ils devinrent si souples et si dociles à la voix du prisonnier, que leur père, étonné et charmé d'un pareil changement, ne pouvait se consoler de son départ.

Lorsque le calme fut rétabli, l'abbé Correur revint à Amiens et accepta la proposition que lui fit l'abbé Bicheron, de s'associer à lui pour élever dans la piété et les lettres des enfants appartenant pour la plupart à de nobles familles réfugiées à Amiens sous le règne de la Terreur. Des jeunes gens de la ville et des pays voisins s'y joignirent en grand nombre, et pendant douze ans, un vaste hôtel, appelé la maison des douze Pairs de France, fut l'asile d'une jeunesse chrétienne, vivant heureuse sous la sage direction de M. l'abbé Correur. Son habileté et son zèle dans les pénibles fonctions de l'enseignement, son goût délicat et sévère, qui forma tant de disciples distingués dans la carrière des lettres, ont laissé un souvenir qui n'est pas encore effacé.

Les changements que les nouvelles lois apportèrent à l'établissement des Douze Pairs de France furent jugés par les chefs incompatibles avec les vrais intérêts de leurs enfants. Ils résolurent de les rendre à leurs familles et se retirèrent. Les bénéfices pécuniaires étaient nuls, mais ils avaient semé la vertu et la science, et leur moisson était assurée au Ciel.

La réputation d'humaniste et de littérateur de M. l'abbé Correur le fit rechercher par l'Université ; il refusa les offres les plus honorables et les plus séduisantes, ne voyant pas de bien à faire dans ce nouvel état de choses.

Sans fortune, sans emploi, il se livra de nouveau tout entier au saint ministère. Mgr Demandolx, qui avait apprécié son caractère si sage et si ferme, le nomma chanoine honoraire ; plus tard, Mgr de Bombelles lui donnait le canonicat titulaire. Mais, n'anticipons pas sur les événements, et revenons à l'époque où Melle Herbert obtenait pour son cher pensionnat le précieux concours du vénérable chanoine.

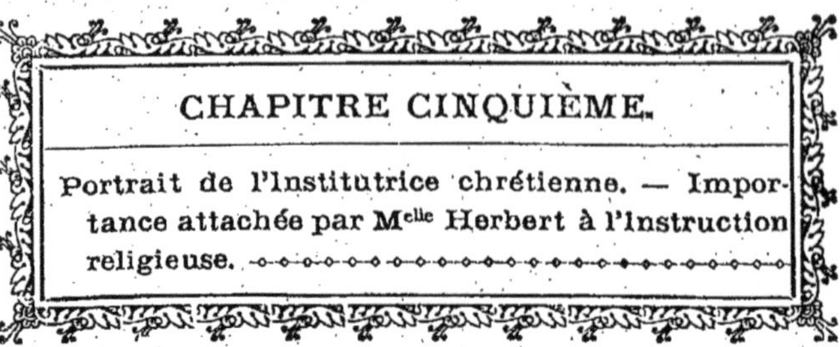

L'ÉDUCATION est l'œuvre humaine la plus haute qui se puisse accomplir ; c'est la continuation de l'œuvre divine dans ce qu'elle a de plus élevé. Elle est un véritable apostolat qui, pour être exercé dignement, demande une sérieuse préparation (1).

DIEU choisit certaines âmes pour les associer en quelque sorte à son œuvre ; il les prépare lui-même à cette grande mission, et il nous est donné parfois d'admirer les progrès de cette merveilleuse vocation. C'est ce que nous pouvons faire aujourd'hui en continuant d'étudier la vie d'Adélaïde Herbert, qui se dévoua à l'éducation de la jeunesse pendant près de quarante ans, et qui éleva plus de mille jeunes filles dont elle fit, avec la grâce de DIEU, de véritables chrétiennes.

Au moment où nous allons la suivre dans la carrière qu'elle s'est choisie après de mûres réflexions, il n'est pas sans intérêt de recueillir, dans les manuscrits qu'elle a laissés, ce qui peut nous éclairer sur les dispositions qui l'animèrent pendant les longues années, qu'elle consacra, avec autant de dévouement que de fruit, à l'œuvre de l'éducation.

Dans des entretiens littéraires où elle examine avec ses élèves les divers états de

---

1. Mgr Dupanloup.

— ✠ — Mgr Marc-Marie de BOMBELLES. — ✠
(Voir page 69)

Né à Bitche, le 8 octobre 1744; entré dans les ordres après la mort de sa femme: célébra sa première messe le 15 août 1803; préconisé évêque d'Amiens dans le Consistoire du 23 août 1819; 3 octobre 1819, dans la chapelle des Filles de la Charité de la rue du Bac, il est consacré évêque par Mgr de Coucy, archevêque élu de Reims; il mourut à Paris le 5 mars 1822, au palais de l'Elysée-Bourbon; il était aumônier de Mme la Duchesse de Berry; il est enterré dans le chœur de la cathédrale d'Amiens.

✠ — M. l'abbé Jean-Baptiste CORREUR. — ✠
(Voir page 58.)

Né à Léalviller (Somme) le 27 avril 1763, emprisonné pour la foi en 1793, chanoine de la Cathédrale d'Amiens, Vicaire capitulaire à la mort de Mgr de Bombelles. Décédé à Amiens le 18 janvier 1840 vie que peut embrasser une jeune fille : le mariage, la vie religieuse ou l'éducation, elle traçait le portrait d'une Institutrice selon le cœur de Dieu sans se douter que c'était le sien propre qu'elle nous donnait.

« Il faut qu'une vocation véritable conduise et soutienne l'Institutrice dans sa carrière ; qu'après avoir étudié ses goûts et ses devoirs, pesé l'assujettissement, disons mieux, l'esclavage auquel elle se voue pour la vie, et le bien qui doit revenir à l'enfance de ce pénible labeur, elle dise : Je suis à vous, Seigneur, et à vos enfants pour toujours.

Les fonctions d'Institutrice imposent de grands sacrifices : il faut s'y dévouer ; elles procurent d'indicibles jouissances : il faut les mériter.

L'Institutrice doit renoncer aux plus doux charmes de la vie. De famille, il n'en est plus pour elle que celle que lui donnent ses nobles fonctions ; de société, nulle autre que celle de cette jeunesse dont elle ne se séparera plus. Son âme sera tout entière à ses enfants, qui lui devront le bonheur de leur vie ; son cœur, celui d'une mère : aussi tendre, aussi dévoué, et moins faible toutefois. D'autres liens, d'autres engagements, d'autres sentiments déroberaient quelque chose à cet amour, j'oserai dire suprême, qu'elle doit à sa famille adoptive.

Elle fera régner dans ses mœurs une gravité, une dignité qui la mettront pour jamais à l'abri de toute recherche. Jeune encore, elle ne le sera que par l'âge ; et ses démarches, sa tenue, sa parure même, feront connaître sa résolution à ceux qui pourraient l'ignorer.

Adélaïde Herbert.

5

Elle saura sacrifier son repos, ses goûts, sa liberté.

De repos, il n'en doit pas plus exister pour elle que pour la mère qui veille au berceau de son fils. Si les dangers qui menacent la première enfance sont nombreux, des dangers d'une autre sorte menacent l'adolescence ; et s'il faut que d'autres dévouements viennent s'unir au sien, elle se fera aider sans jamais se *décharger*.

Ses goûts les plus innocents : l'amour de l'étude, les désirs de la piété même, tout doit être soumis, subordonné aux devoirs essentiels. Les besoins de ses enfants, soit dans l'ordre physique, soit dans l'ordre moral, doivent l'arracher à tout.

Sa liberté : son état par lui-même est un véritable esclavage ; elle ne se croira libérée d'un labeur que par un autre plus essentiel encore. Elle dévorera ses peines personnelles, qu'elle s'est promis de dissimuler toujours, et sa gaieté entretiendra celle de ses élèves.

Sa maison doit être un véritable cloître où l'amour de ses enfants la confine. Bornée aux relations nécessaires avec les parents de ses élèves, elle ne consumera jamais dans les loisirs de la conversation un temps que réclament des intérêts plus chers.

L'Institutrice n'aura pour amies que des personnes âgées, vertueuses, éclairées, capables de l'avertir, de l'encourager, assez désintéressées pour savoir se priver du plaisir de sa présence quand le devoir le demande.

Par un travail constant, elle s'est pourvue d'une instruction solide, variée, étendue. « Tu dois, ô mon fils, disait Cambyse à Cyrus, persuader à ceux à qui tu commandes, qu'en tous points tu es plus sage, plus instruit qu'eux tous. A ce prix, compte sur leur respect et leur obéissance.

— Je le conçois, répond le jeune Prince, mais le moyen qu'ils le croient ainsi ?

— C'est, lui dit le vieillard, de l'être en effet. »

De son cœur, de son esprit, de sa mémoire coule alors comme d'une source abondante ce fleuve bienfaisant qui répand autour d'elle la fécondité. Tantôt dans ses cours réguliers, tantôt dans une promenade charmante, pendant le va-et-vient rapide de l'aiguille industrieuse, au milieu même des récréations et des jeux, elle trouve le moyen de placer la leçon salutaire.

L'éducation du cœur, l'instruction de l'esprit se tiennent, se servent mutuellement. Le plaisir et le travail ne se séparent plus. L'émulation embrase toutes les âmes, la bienveillance enchaîne tous les cœurs. D'un regard, elle maintient l'ordre menacé, réprime la légèreté, anime le courage, récompense un effort et calme un gros chagrin.

Dans ce jardin chéri confié à sa culture, il est des plantes heureuses qui se développent promptement : elle les modère et les dirige ; d'autres croissent avec lenteur : elle les stimule, les soutient, et pour elles redouble de soins ; peut-être s'en trouvera-t-il une insensible à son zèle : elle attend, elle prie... Le grain semé devra lever un jour. Et qu'importe après tout que son amour soit méconnu, si ses soins ont porté la vertu dans l'âme de son enfant, si elle arrive au bonheur ?

L'Institutrice qui considère ses devoirs dans toute leur étendue, se dévoue à former le cœur de ses élèves autant et plus qu'à orner leur esprit ; elle les porte à se conduire par raison, par religion ; à consulter en tout la justice et la charité ; à les prémunir contre ce qui, dans la suite, deviendrait une pierre d'achoppement à leur inexpérience. Oh ! c'est surtout dans le développement des principes du christianisme, dans l'enseignement des vérités éternelles, qu'elle remplira des fonctions nobles et sublimes, qu'elle participera à la mission du Verbe divin sur la terre, qu'elle continuera son œuvre. Entourée de ces enfants qu'Il se plaisait à rassembler et à bénir, elle apprendra à connaître, à aimer ce DIEU souverainement aimable, et elle trouvera une douce consolation dans la pensée qu'elle n'est pas étrangère aux hommages purs que lui offrent autour d'elle des âmes pleines de candeur et d'innocence.

Prévenir les vices ou en guérir, cultiver la vertu, développer d'heureuses inclinations, encourager, soutenir le premier effort contre des passions naissantes, n'est-ce pas une belle tâche ? Et c'est celle de l'Institutrice.

Elle verra sans regret se consumer ses jours, et quand ses forces épuisées trahiront son courage, ils iront s'éteindre dans la solitude. L'écho lointain portera alors à son oreille les succès, les vertus de ses élèves chéries ; et une douce larme coulera de ses yeux, un dernier vœu s'exhalera de sa bouche expirante : il sera encore pour elles. »

Voyons maintenant à l'œuvre celle qui avait une idée si élevée et si juste de sa mission.

La préparation d'Adélaïde avait été, on peut le dire, toute providentielle. Grâce à une intelligence hors ligne et à des études suivies avec persévérance, elle avait acquis cette instruction solide et variée qu'elle indiquait comme étant indispensable à une bonne Institutrice. Les études religieuses avaient toujours eu pour elle un charme particulier. L'Ecriture Sainte était un trésor dans lequel sa connaissance de la langue latine lui permettait de puiser largement. En histoire, en littérature, en sciences, elle était d'une compétence tout à fait supérieure à celle des femmes du commencement de ce siècle. Les notions même de théologie ne lui étaient pas étrangères. Quant au dévouement et à l'abnégation, elle en avait fait l'apprentissage dès son enfance.

Melle Herbert se donna tout entière à ses enfants d'adoption. Elle se levait à cinq heures, allait entendre la Sainte Messe à Notre-Dame, sa paroisse, afin de n'avoir plus à s'occuper que des élèves à l'heure où elle les y conduirait ; puis elle présidait à tous les exercices qui se succédaient jusqu'au soir. Elle faisait elle-même la classe supérieure, et pendant que ses élèves rédigeaient le devoir qu'elle leur avait donné, elle visitait les autres classes, s'informait du progrès des enfants, examinait leurs cahiers, encourageait l'une, stimulait l'autre, adressait au besoin une petite réprimande. Cette inspection se reproduisait tous les jours et avec les plus heureux résultats. Au réfectoire elle était encore au milieu de ses enfants, et c'était un grand honneur d'être placée à la table qu'elle présidait, honneur réservé aux élèves qui, par leur sagesse et leur application, avaient droit à quelque distinction. Rien n'échappait à son regard maternel. On la retrouvait à la récréation, pendant le travail à l'aiguille, qui occupait les premières heures de l'après-midi.

Elle reprenait ensuite sa classe, après laquelle elle consacrait quelques instants aux élèves qui désiraient lui parler. Lorsqu'après le souper et la prière du soir, chacun était allé prendre son repos, elle, debout auprès de son bureau, afin de ne pas succomber à la fatigue, achevait de corriger les devoirs, et cela souvent jusqu'à une heure très avancée de la nuit. Sous aucun prétexte elle ne s'exemptait des obligations qu'elle s'était ainsi imposées. Ma mère avait été l'une de ses premières élèves, et j'ai eu aussi le bonheur d'être placée pendant plusieurs années sous sa direction. Nous avons donc pu constater comment son zèle ne s'était jamais ralenti, et comment les traditions s'étaient conservées intactes dans sa famille adoptive.

Les élèves de Melle Herbert étaient divisées en deux catégories : les plus jeunes, jusqu'à la première Communion, formaient un groupe désigné sous la douce appellation d'*Espérance*, et les plus âgées constituaient celui de la *Persévérance*. Les petites de l'Espérance avaient des rubans de sagesse à leur couleur : ils étaient verts. Quelle joie quand la bonne maîtresse s'arrêtait au milieu de ce petit troupeau si aimé, son *Espérance* comme elle se plaisait à le répéter ! Bientôt elle se voyait entourée de ce petit peuple, qui l'écoutait avec avidité.

Il y avait une année solennelle que Melle Herbert regardait comme décisive pour ses chères élèves : c'était celle de la première Communion. Plusieurs mois avant l'époque fixée pour ce grand acte, les enfants qui devaient l'accomplir étaient séparées de leurs compagnes, et, outre les instructions quotidiennes, elle leur en faisait de particulières. Elle ne se contentait pas de leur apprendre tout ce qu'il est essentiel de savoir au point de vue dogmatique, elle leur indiquait les moyens à prendre pour attirer la grâce de Dieu sur elles; car elle voulait que ses enfants comprissent la nécessité de préparer leur âme à la visite de Jésus par la réforme de leurs penchants, de leurs inclinations, par des efforts soutenus pour surmonter les défauts de leur caractère. « Il faut, disait-elle souvent, que l'on reconnaisse une enfant qui se prépare à sa première Communion par son recueillement plus profond à la prière, par une plus grande application, par sa constante exactitude au moindre devoir, sa docilité envers ses maîtresses, sa douceur, son amabilité envers ses compagnes. » Que de conseils, que d'encouragements soutenaient l'enfant de bonne volonté pour l'accomplissement de ce travail intérieur, et aussi quelle consolation pour cette maîtresse si dévouée, lorsqu'elle pouvait constater des transformations complètes chez quelques-unes de ses chères enfants, des améliorations sérieuses chez les autres !

Et quand approchait le grand jour, quel redoublement d'efforts pour porter la lumière dans nos jeunes âmes ! Notre préparation à la confession générale, les exhortations pleines de feu par lesquelles elle nous excitait à la contrition, me sont encore présentes à l'esprit.

C'était à la paroisse que se faisait la première Communion, précédée de trois jours de retraite. Melle Herbert nous conduisait elle-même aux exercices, et [lorsque nous étions rentrées au pensionnat, elle ajoutait encore à cette préparation dernière, en soutenant notre recueillement par de pieuses et intéressantes lectures, par des avis et des conseils particuliers, nous faisant comprendre que, du grand acte que nous allions accomplir, dépendait le bonheur de notre vie tout entière. Et pendant cette grave et solennelle journée, quelle paix, quel calme elle entretenait dans nos âmes !... Quelques semaines plus tard, notre seconde Communion était encore de sa part l'objet d'une préparation spéciale.

Au moment où nous passions de l'Espérance dans la Persévérance, elle nous donnait à chacune, comme souvenir du plus beau jour de notre vie, une gravure qu'elle avait fait faire pour nous, et qui nous rappelait nos principaux devoirs.

L'instruction religieuse avait la première place, la place d'honneur, dans l'enseignement que nous recevions. Chaque jour, pendant une heure, Melle Herbert instruisait ses élèves des vérités fondamentales de la foi, et sa parole claire, souvent éloquente, faisait pénétrer dans nos âmes les connaissances qui sont bien les plus essentielles. Son plan général était largement tracé ; elle nous expliquait avec netteté et précision l'ensemble des vérités dogmatiques et morales, ainsi que tout ce qui a rapport au culte divin. Elle voulait que ses élèves, après avoir suivi tout le cours, qui comprenait plusieurs années, possédassent parfaitement l'histoire de la religion, non comme un stérile exercice de mémoire, mais comme un magnifique tableau d'ensemble, où elles retrouvaient et suivaient avec bonheur toutes les preuves de la mission rédemptrice et de la divinité de Notre-Seigneur. L'histoire de Jésus-Christ, la sainteté de sa vie et de sa loi, ses miracles et toutes les circonstances, que nous rapportent les évangélistes, des discours, des actions et des souffrances de ce divin Modèle ; l'établissement miraculeux de l'Église, ses combats, ses triomphes, ses martyrs, ses docteurs, ses promesses immortelles ; sa sainte hiérarchie, ses divins sacrements ; toutes les parties de son culte si pur, si fécond en émotions salutaires ; les preuves invincibles de la divinité de nos Écritures sacrées : tous ces sujets étaient étudiés et approfondis.

Elle avait su nous faire comprendre l'importance de cet enseignement ; nous y attachions un grand prix, et lorsque chaque mois revenait la composition en instruction religieuse, nous en repassions et préparions les matières avec ardeur. Toutes les élèves de la Persévérance assistaient aux instructions et composaient ensemble, de sorte qu'il arrivait parfois que celles qui obtenaient les premières places n'étaient pas toujours celles du cours supérieur ; de là, grande joie pour les classes auxquelles appartenaient les élèves sorties victorieuses de ces luttes pacifiques. Puis il y avait le banc d'honneur réservé aux dix premières. Atteindre ce banc et ne plus le quitter, c'était l'ambition de chacune de nous.

Melle Herbert savait donner un tel charme à son cours d'instruction religieuse, que nous éprouvions, en l'écoutant, un véritable bonheur. Il semblait que nos jeunes intelligences avaient rencontré l'aliment dont elles avaient besoin. Sa parole était bien la parole de vie dont parle l'Écriture Sainte, et, plus tard, elle nous disait elle-même que rien n'était doux pour son cœur comme son cours d'instruction religieuse. Je me souviens encore de certains jours où elle arrivait parmi nous fatiguée, souffrante ; sa voix, d'abord très faible, devenait peu à peu plus forte ; elle s'animait, et bientôt toute trace de malaise disparaissait ; on sentait qu'elle était dans son élément. Le samedi, jour de répétition générale des leçons apprises pendant la semaine, il n'y avait pas d'instruction religieuse le matin ; elle était remplacée par une homélie sur l'Évangile ou sur la fête du lendemain, que notre chère maîtresse nous faisait après la classe du soir. Elle se surpassait elle-même dans ses commentaires sur l'Ecriture Sainte, et, malgré notre jeune âge, nous étions transportées d'admiration en l'entendant, et cette admiration allait parfois jusqu'aux larmes. C'est à ses homélies que ses élèves doivent cet attrait pour les fêtes de l'Eglise qui les a toujours caractérisées.

Melle Herbert lisait dans nos yeux, et nous aurons plusieurs fois l'occasion de revenir sur la faculté que Dieu lui avait donnée de descendre dans l'âme de ses enfants. Or, il lui arrivait parfois, pendant l'instruction religieuse, de voir que l'une de ses auditrices, faute d'attention suffisante ou de compréhension naturelle, ne saisissait pas complètement le sujet qu'elle expliquait ; alors, elle l'interrogeait avec bonté et douceur, entrait dans plus de détails, éclairait les points obscurs, et ne continuait le cours que lorsqu'elle avait acquis la certitude que la lumière s'était faite dans cette âme.

Nous prenions tellement intérêt à notre cours d'instruction religieuse, que le sujet que notre chère maîtresse avait traité le matin, faisait souvent l'objet de notre conversation aux heures de récréation. Nous nous communiquions les réflexions qu'elle avait fait naître en nous, les résolutions qu'elle nous avait inspirées. Comme nous n'étions pas toutes de même force, la pensée était venue à l'une de nos compagnes, qui par sa piété et sa vertu exerçait un grand ascendant autour d'elle, d'introduire parmi nous, avec l'assentiment de nos maîtresses, l'institution dite du *Patronage*. Les élèves les plus avancées, et en même temps les plus raisonnables, prenaient sous leur tutelle quelques-unes de leurs plus jeunes compagnes, à qui elles faisaient répéter, pendant les moments libres, les instructions qui avaient eu lieu le matin, et facilitaient ainsi à leur maîtresse le moyen de ne laisser personne en arrière, et cependant de ne pas s'arrêter trop de temps sur un même sujet. Les *patronnes* adoptaient librement leurs *clientes* et les maîtresses ratifiaient les choix ; puis l'adoption avait lieu avec une certaine solennité. Les patronnes n'avaient pas seulement en vue le développement de l'intelligence de leurs clientes ; elles s'occupaient aussi de les porter au bien, de les soutenir dans l'exercice des vertus de leur âge. Dieu sait les heureux effets que produisirent, pendant de longues années, ces touchantes relations de charité ; elles rejaillirent quelquefois jusque sur les familles elles-mêmes, tant les soins affectueux des patronnes et la reconnaissance des clientes formaient entre elles des liens agréables et précieux ! Leur souvenir ne s'effaçait pas, et longtemps après leur entrée dans le monde, on entendait encore des jeunes filles, des jeunes femmes, parler avec affection de leur chère Patronne. Les anges de Dieu souriaient sans doute avec amour à la vue de ce petit apostolat exercé par des enfants de quatorze ou quinze ans.

Dans quelques pensionnats, les nouvelles élèves sont mises un peu en quarantaine. Sans doute, ce ne sont pas les brimades qui faisaient autrefois la terreur de Saint-Cyr ou de l'Ecole Polytechnique, mais enfin on examine, on critique les allures, les paroles d'une nouvelle venue, on la laisse un peu de côté ; il faut qu'elle conquière son droit de cité, disent les anciennes, et, en attendant, la pauvre enfant, triste souvent de l'éloignement de sa famille, l'est aussi du vide qui se produit autour d'elle. Les élèves de Mlle Herbert ne voulaient pas qu'une compagne se trouvât malheureuse en venant parmi elles. Plusieurs d'entre nous avaient accepté la mission d'initier les nouvelles aux habitudes de la maison, et, sous ce prétexte, elles cherchaient, par leur affabilité, à les consoler, à les égayer même. Est-ce pour cela qu'on les appelait les *apprivoiseuses ?...* Apprivoiser les petits oiseaux nouvellement entrés dans la volière, n'était-ce pas œuvre charmante ?

L'IMPORTANCE qu'avait aux yeux de Melle Herbert l'instruction religieuse, ne l'empêchait cependant pas d'apporter un grand soin aux autres branches de l'enseignement, et chacune d'elles était l'objet d'une très sérieuse préparation de sa part. A l'époque dont nous parlons, les ouvrages classiques étaient peu nombreux ; aussi Mlle Herbert ne reculat-elle point devant le travail énorme de la composition de traités particuliers pour chacune des branches de l'enseignement. Chaque classe avait son cahier d'histoire : Histoire Sainte pour les plus jeunes élèves; histoire ancienne, histoire romaine, histoire moderne, histoire contemporaine pour les plus âgées. Les leçons des maîtresses étaient le développement de ce texte, qui était dicté chaque jour aux élèves, puis appris par cœur et enfin recopié comme exercice d'écriture. Il restait ainsi bien gravé dans nos mémoires. Pour la géographie, Melle Herbert avait, je puis dire, devancé les méthodes actuelles. Son enseignement n'était ni sec ni aride, mais des plus intéressants. Nous faisions des voyages dans lesquels nous apprenions à connaître les pays, les villes, leurs habitants, leurs coutumes, leurs industries. Nous traversions les mers, nous remontions les fleuves, nous voyagions en diligence et quelquefois à dos de chameaux, voire même montées sur des éléphants. On ne fait vraiment pas mieux à la fin du XIXe siècle.

Melle Herbert estimait qu'une jeune fille doit parfaitement connaître la langue de son pays, la parler et l'écrire très correctement. Aussi, dans toutes les classes, une dictée était faite chaque jour. On la corrigeait à haute voix avec explication des règles de la grammaire. Que de papier noirci par nous en conjugaisons de verbes, en analyses grammaticales et logiques! D'un autre côté, que de peines nos chères maîtresses se sont données pour la correction de tous ces devoirs! Il ne s'agissait pas de faire de nous des femmes savantes, tel n'était point le but de Melle Herbert, qui voulait que notre sexe conservât la simplicité et la modestie qui lui conviennent; mais elle tenait à ce que nous sachions écrire une lettre d'une manière correcte et agréable, et goûter les ouvrages des auteurs qui se sont illustrés dans notre langue.

Nous avions aussi nos cahiers de littérature, et nous les conservions après notre sortie. Ils formaient, avec ceux d'histoire, nos souvenirs du pensionnat. Plus d'une fois, pour ma part, je les ai relus, et non sans plaisir. Notre chère maîtresse savait donner une grande variété à nos devoirs de style, et, une fois par semaine, la classe du soir était consacrée à la lecture de nos essais littéraires. Chacune lisait son travail. La critique en était faite par Melle Herbert avec bienveillance sans doute et sans jamais froisser l'auteur pris à partie, mais aussi avec une grande finesse et quelquefois avec une petite pointe de malice qui provoquait parmi nous une franche gaieté. Les événements qui pouvaient se produire dans notre vie d'écolières : une petite fête au pensionnat, une partie de campagne, une visite au cimetière, etc., étaient matière à quelques compositions littéraires. Parfois les sujets étaient plus graves et devenaient de sérieuses leçons de morale. Dans la classe supérieure, les devoirs que nous aurions à remplir en rentrant dans le monde, les vertus à pratiquer dans la famille, nous étaient tour à tour proposés.

Melle Herbert ne souffrait point de négligence dans l'écriture, et elle se montrait même très sévère à cet égard. Elle voulait une écriture ferme et régulière. Une lettre bien dictée, disait-elle, mais dont les caractères sont illisibles, manque d'une qualité essentielle.

Avec son esprit si juste et son amour de l'ordre, Melle Herbert devait nécessairement donner une place importante dans nos études à l'enseignement du calcul. Là encore elle s'ingéniait à nous intéresser à un travail naturellement un peu aride. Après que nous en avions appris les premiers éléments, elle nous faisait faire des comptes de ménage, nous donnait en même temps des leçons d'économie domestique, nous indiquant ce que l'on devait dépenser pour le loyer, la nourriture, l'habillement, les choses imprévues avec un revenu de 3.000, 5,000 et 10.000 fr.; puis, supposant la direction d'un commerce, elle nous initiait à la tenue des livres en partie simple et en partie double. Tout cela se fait aujourd'hui, je le sais, mais, à l'époque dont il s'agit, on ne traitait pas d'ordinaire ces sortes de questions, dont on a reconnu depuis l'utilité.

Une large part au travail à l'aiguille était faite dans les occupations qui se partageaient notre temps. Deux heures par jour y étaient consacrées. « Dans quelque situation que soit placée une femme, nous disait souvent Melle Herbert, elle ne doit pas oublier que les travaux d'aiguille sont l'apanage de son sexe, et toute étude qui aurait pour résultat de nous dégoûter de nos attributions spéciales doit être considérée comme un danger réel. » Elle nous paraphrasait, avec son éloquence habituelle, l'admirable portrait que l'Esprit-Saint trace dans l'Écriture de la femme forte, nous montrant qu'elle a tiré sa gloire du travail de ses mains.

Ces deux heures, qui revenaient quotidiennement, n'étaient pas employées à des travaux futiles. Nos maîtresses nous apprenaient la couture, le tricot, la confection et le raccommodage du linge. La tapisserie, les ouvrages de luxe et de fantaisie, étaient réservés aux récréations des jours pluvieux. Pour nous faire accepter ces travaux de lingerie, que nous ne trouvions pas toujours amusants, Melle Herbert savait mettre en jeu l'émulation et faire briller à nos yeux la récompense des bonnes notes. Puis elle avait mille moyens ingénieux de triompher de certaines résistances et d'arriver à ses fins. Une jeune élève avait apporté à la rentrée de Pâques deux douzaines de mouchoirs que sa mère lui avait donné à ourler et à marquer. Les ourler ne l'effraya point, mais lorsqu'elle les eut terminés, elle déclara à la maîtresse d'ouvrage qu'elle ne les marquerait pas ; la toile était trop fine, jamais elle ne pourrait compter les fils. Melle Herbert, informée de ce refus, demanda les deux douzaines de mouchoirs et fit appeler Victorine la jeune récalcitrante.

— Ma chère enfant, lui dit-elle, j'ai un service à vous demander ; voulez-vous travailler pour moi ?

Etonnée, car cela n'arrivait jamais, Victorine répondit qu'elle en serait charmée.

— J'ai là, continua Mlle Herbert, des mouchoirs que je désire faire marquer, et, par une singulière fantaisie, je voudrais qu'ils portassent les lettres L. F. (initiales des parents de la jeune fille).

Victorine comprit, mais n'en manifesta rien. Elle prit les mouchoirs, s'appliqua à les marquer aussi régulièrement que possible, et, quelques jours après, elle les rapporta à Mlle Herbert.

— Vous voyez, mon enfant, lui dit-elle en souriant, que l'on peut ce que l'on veut.

Les langues vivantes nous étaient enseignées par deux maîtresses, l'une allemande et l'autre anglaise, et Mlle Herbert revoyait souvent nos devoirs. Pour les arts d'agrément, dessin et musique, nous avions les meilleurs maîtres de la ville. Les leçons étaient données l'après-midi, pendant les heures consacrées au travail de l'aiguille, et ainsi les études n'en souffraient pas.

Mlle Herbert avait besoin de collaboratrices pour accomplir l'œuvre qu'elle avait entreprise. Dieu permit qu'elle en trouvât qui entrèrent parfaitement dans ses vues. Leur dévouement envers celle qu'elles aimaient comme on aime une mère, rendait leur tâche facile. Ensemble elles poursuivaient le même but, et on peut dire qu'elles n'avaient toutes qu'un cœur et qu'une âme.

En classe, nos chères maîtresses étaient fermes, mais en même temps pleines de douceur et de bonté. Si quelque élève se trouvait en retard à la suite d'une absence ou d'une longue maladie, sa maîtresse l'appelait à l'heure du travail à l'aiguille, afin de lui faire réparer, par une leçon particulière, le temps perdu, et de la mettre à même de suivre les cours. Jamais elles n'éprouvaient le désir de se retirer d'au milieu de nous, n'ayant d'autre obligation, disaient-elles, que de s'occuper de leurs élèves. Elles prenaient un vif intérêt à nos joyeux ébats et s'y mêlaient quelquefois ; aussi, avions-nous pris l'habitude de recourir à elles pour l'organisation de nos jeux.

Ce que nous admirions le plus dans nos chères maîtresses, c'était leur piété. Mlle Herbert s'approchait chaque jour de la sainte Table et ses collaboratrices plusieurs fois par semaine, et avec quelle ferveur !... J'ai souvent entendu comparer le pensionnat à un couvent dont les religieuses ne portaient pas de costume particulier. On aurait pu se demander si les sous-maîtresses avaient fait vœu de stabilité, car aucune d'elles ne quitta Mlle Herbert pendant les longues années qu'elle dirigea sa maison.

La discipline était parfaite au pensionnat. Une surveillance incessante y était exercée, mais avec tant de prudence et de bienveillance que les élèves ne sentaient pas le joug de la règle. Nos maîtresses savaient nous la faire aimer, et elles s'en remettaient parfois à nous pour son accomplissement. Les parents venaient de temps en temps solliciter des sorties de faveur pour leurs filles à l'occasion de quelque fête ou de quelque réunion de famille. Les accorder, eût été nuire à la régularité des classes ; les refuser, était chose parfois pénible. Mlle Herbert avait trouvé un excellent moyen de tourner la difficulté. Toute élève qui sortait pendant l'heure des classes perdait cinq notes dans la faculté qui lui donnait le plus d'espérance pour le prix. C'était là une règle établie. Quand une demande de ce genre lui était faite : « Je ne m'y opposerai pas, disait-elle avec un grand calme, si votre fille y consent. » La réponse de l'élève était toujours négative.

Lorsqu'il ne s'agisssait que d'une sortie de courte durée entre deux classes pour aller accomplir un devoir filial, comme celui de souhaiter la fête à une mère, à un père, à des grands-parents, la permission était facilement accordée.

Mlle Herbert pesait sagement toutes choses, mais quand un ordre était donné, elle tenait rigoureusement à ce qu'il fût exécuté. « C'est là, disait-elle, le seul moyen de conserver l'autorité. »

Nous avions pour elle une affection qui égalait notre respect. Nous ne craignions rien tant que de lui faire de la peine, et elle le savait bien. Après la prière du soir, elle se plaçait à la porte de la salle d'exercice, et toutes nous défilions devant elle pour lui souhaiter le bonsoir. Chacune plaçait sa main dans celle de sa chère maîtresse, qui lui répondait par une douce pression. Lorsqu'il y avait eu quelque petit accroc dans la journée, elle ne serrait pas la main qui lui était présentée ; cela s'appelait faire la *planche*. La pauvre enfant ainsi avertie fondait souvent en larmes, et promettait de ne plus mériter cette punition si pénible à son cœur.

Un degré au-dessus de l'avertissement donné par la *planche*, était l'appel au cabinet de Mlle Herbet. On arrivait en tremblant, sachant très bien ce qui le motivait. Le moment était si solennel que la faute, même légère, prenait alors dans l'esprit de l'élève des proportions considérables, et le repentir, les bonnes résolutions, étaient souvent arrivés avant que la chère maîtresse eût parlé. A la vue de ces bonnes dispositions, il ne lui restait plus qu'à donner quelques conseils affectueux.

De mémoire d'élève on n'avait jamais entendu une réponse vive ou peu polie, quand un jour, une jeune fille qui était entrée au pensionnat à l'âge de quatorze ans, sortant d'une autre maison d'éducation, s'insurgea contre l'ordre qui lui était donné et oublia les règles de la politesse dans des paroles emportées. Ses compagnes se regardèrent avec étonnement. La jeune insubordonnée n'entendit pas la porte du fond s'ouvrir pour livrer passage à Mlle Herbert, qui venait justement faire son inspection du matin, et continua à se montrer récalcitrante. Mlle Herbert s'avança vers elle, la prit par le bras et, toujours calme, la conduisit dans la pièce voisine alors inoccupée. Pas une parole ne lui fut adressée ; mais elle avait compris toute l'inconvenance de sa conduite ; elle demanda pardon à sa maîtresse de classe et aux élèves à qui elle avait donné le mauvais exemple, et à partir de ce moment elle fut soumise et obéissante.

A l'exemple de Melle Herbert, jamais ses collaboratrices ne manifestaient de préférence pour l'une ou pour l'autre de leurs élèves. Les mêmes soins étaient donnés à toutes et à chacune en particulier. Elles avaient l'art d'exciter l'émulation par les moyens les plus simples. Un cahier de copie était-il soigné d'une manière satisfaisante, il rentrait aux mains de sa propriétaire orné de traits élégants, de gracieux dessins, de titres magnifiques. Cette aimable surprise excitait à son tour le courage de l'enfant qui, de son côté, pour faire plaisir à sa maîtresse, apprenait quinze lignes, vingt lignes de plus que la leçon donnée. Ainsi les classes marchaient sans gronderies et sans ces punitions fréquentes qui établissent, entre la maîtresse et les élèves, ce terrible mur d'opposition que la confiance ne sait plus franchir.

Lorsqu'elles se trouvaient en présence d'élèves peu intelligentes, elles ne leur témoignaient que plus d'affection. « Ne sont-elles pas assez à plaindre, disait l'une d'elles, de voir tous les honneurs de la classe assurés d'avance à un petit nombre de leurs compagnes mieux douées qu'elles ? Au moins qu'elles sachent que nous les aimons et que nous apprécions leur bonne volonté. » La paresse et la négligence ne trouvèrent jamais grâce aux yeux de Melle Herbert ; elle les combattait de toutes ses forces, car elle était convaincue que l'application au travail et l'amour de l'occupation sont la sauvegarde la plus assurée de l'innocence et de la vertu.

Elle tenait essentiellement à ce que l'aménité la plus grande et une affection fraternelle régnassent entre les élèves, non seulement de tous les âges, mais encore de toutes les conditions. Dans un pensionnat aussi nombreux, il y avait nécessairement quelque différence dans la position sociale des familles auxquelles appartenaient les élèves. Elle nous faisait considérer la noblesse, la richesse, comme des accessoires qui n'ajoutaient d'eux-mêmes rien aux mérites de ceux qui les possédaient. « A cette époque de la vie, disait-elle, heureusement soustraite aux exigences de la société, les enfants réunis sous une même discipline ne doivent distinguer d'autre supériorité que ce qu'ils obtiennent par leur bonne conduite et leurs progrès dans l'étude. Dans une éducation dont la religion est le principe, n'est-ce pas à inspirer le respect qui s'attache à la vertu, au noble titre d'enfant de Dieu, que l'on doit s'appliquer sans cesse ? Si la fierté et la vanité sont ridicules partout, ne le sont-elles pas plus encore dans un âge où l'on n'a rien fait d'utile pour ses frères, et peuvent-elles subsister sous l'influence d'un culte fondé sur l'humilité ? »

Elle ne voulait voir à aucun prix ses élèves s'accuser l'une l'autre. Elle détestait les délations et nous en avait inspiré l'horreur. Accuser une compagne, nous aurait semblé commettre un crime. Parfois on s'avertissait, on se reprenait mutuellement : c'était là œuvre de charité, et un conseil d'une compagne plus raisonnable et plus sage était toujours bien reçu. Quand une légère faute avait été commise sans que la maîtresse en eût pu découvrir l'auteur, Melle Herbert faisait une réprimande générale, montrant combien il était indélicat de laisser peser un blâme immérité sur des compagnes innocentes. Elle insistait, s'il était nécessaire, et toujours la coupable venait s'accuser elle-même.

Il est certains points encore auxquels notre chère maîtresse attachait une grande importance. C'était d'abord d'accoutumer les enfants à la probité la plus sévère, la plus délicate ; non qu'elle eût jamais trouvé parmi ses élèves l'occasion de rougir du plus petit acte avilissant de l'une d'elles, non, mille fois non ; mais elle voulait que l'on respectât, jusqu'au scrupule, tout ce qui appartenait aux autres. « Il est des choses, disait-elle, où il vaut mieux pécher par excès que par défaut, et, parmi ces choses, on en peut citer trois : la probité, la sincérité et le dévouement dans l'amitié. » Aussi voyait-on régner, parmi les pensionnaires, ce respect des droits d'autrui, pratiqué d'une façon admirable, par une attention constante à éviter le moindre dégât, à rendre avec exactitude ce que l'on avait emprunté, à n'emprunter que dans le cas d'une nécessité absolue, bien que l'on fût toujours au service de ses compagnes. Cette délicatesse extrême se manifestait parfois d'une manière touchante : « Je dois avoir telle faute dans ma composition, disait un jour une élève en recevant le médaillon ; je crois qu'il appartient à Marie. — C'est bien, mon enfant, répondit M. l'abbé Correur : un acte de loyauté vaut cent fois le médaillon. »

Les punitions étaient à peu près inconnues au pensionnat ; les mauvaises notes, seul moyen de répression employé, étaient elles-mêmes fort rares, car elles en faisaient perdre de bonnes ; et comme l'émulation était grande, les élèves faisaient des efforts réels pour ne pas les mériter. Les compositions étaient une affaire capitale pour nous; celle du jeudi portait sur l'une des parties de l'enseignement : instruction religieuse, histoire, arithmétique, géographie, etc..; le vendredi était consacré à l'écriture et au travail manuel ; le samedi nous composions en mémoire par la récitation de toutes les leçons de la semaine.

Le médaillon de chaque classe appartenait à l'élève qui avait obtenu le plus de points dans ses compositions.

M. l'abbé Correur venait tous les dimanches distribuer ces médaillons si disputés, et il en profitait pour nous adresser d'encourageantes paroles et de sages conseils.

Tous les mois, la distribution des rubans de sagesse se faisait d'une manière plus solennelle par M. l'abbé Duminy, curé de la paroisse.

Mgr l'Evêque d'Amiens venait chaque année, ordinairement dans le mois de janvier, et il présidait la distribution des prix d'Instruction religieuse. C'était une occasion de faire ressortir encore à nos yeux l'importance de cet enseignement. A la fin de l'année, la distribution solennelle des prix, à laquelle assistaient nos familles, couronnait les travaux scolaires.

M. l'abbé Correur avait nommé le pensionnat *l'Isle joyeuse*. Il voulait que tous ces jeunes cœurs fussent épanouis, que l'étude et la piété surtout ne leur apparussent que sous une forme attrayante. « Les anciens, disait-il, appelaient une maison d'éducation, Maison de jeu ou d'exercices agréables. Voudrions-nous donner moins de bonheur à ces enfants chrétiens, que Notre-Seigneur aime d'un si tendre amour ? »

Melle Herbert était bien de cet avis. Elle connaissait la jeunesse et savait que la gaieté lui est aussi nécessaire que le soleil aux plantes ; aussi s'efforçait-elle de rendre le séjour au pensionnat agréable à ses élèves ; elle ne voulait pas qu'aucune d'elles fût triste et mélancolique : « La franchise, l'ouverture de cœur amènent nécessairement la paix intérieure et cette douce gaieté qui est le partage des âmes pûres. » Aux heures de récréation, une grande activité se joignait à une entière liberté. Ici s'engageait une partie de barres. La maîtresse qui la présidait posait une couronne sur la tête du chef des vainqueurs, puis, vainqueurs et vaincus allaient se reposer ensemble sous le feuillage. Bientôt un autre groupe, qui avait employé ce temps à disposer une charade, une représentation quelconque, venait placer la scène sous les yeux du premier, et se procurait ainsi une réunion de spectateurs attentifs.

Ailleurs, on changeait le plan de l'un des petits jardins dont la culture était laissée aux élèves, ou bien on décorait une petite chapelle, on organisait une procession, on établissait un marché ; les rondes, les parties de cache-cache étaient menées avec un entrain qui ne se démentait jamais ; le cerceau, le volant et surtout la corde étaient fort en honneur ; on y acquérait une adresse extraordinaire. J'ai vu certaines parties de volant et de corde durer plusieurs récréations sans qu'aucune faute en arrêtât le cours. Plus loin, sous la charmille, les grandes élèves causaient raisonnablement et gaiement toutes ensemble en faisant courir avec rapidité leur aiguille entre les fils d'une tapisserie ou sur quelque bande de broderie.

Presque chaque jour, vers le milieu de la récréation, Melle Herbert apparaissait sur le perron du jardin ; à l'instant même, tous les jeux cessaient. On accourait, on l'entourait, et notre chère maîtresse, heureuse de se trouver ainsi au milieu de toute sa famille adoptive, se promenait quelques instants avec nous. Elle avait alors d'aimables paroles à nous adresser, de charmants récits à nous faire, et lorsqu'elle nous quittait, c'était toujours avec de vifs et sincères regrets que nous la voyions s'éloigner de nous.

Les récréations fixées par la règle, et qui nous procuraient plusieurs heures de repos par jour, n'étaient pas les seules dont nous jouissions ; la Sainte-Cécile, la Sainte-Catherine, les jours gras étaient l'occasion de réjouissances exceptionnelles. On jouait de jolies pièces, que Melle Herbert composait pour ces diverses circonstances. La Sainte-Adélaïde, fête de notre chère maîtresse, la Saint-

Alexandre et la Saint-Jean, qui étaient celles de M. l'abbé Correur et de M. l'abbé Duminy, impatiemment désirées par nous, étaient des jours de grandes joies et toujours suivies d'un congé extraordinaire.

Celle de la Saint-Jean comptait parmi les plus agréables. La bonne saison aidant, tout le pensionnat allait faire une partie de campagne. On dînait dans un bois ou dans le parc du château de l'une de nos anciennes compagnes. Longtemps d'avance on s'entretenait de ces petites fêtes champêtres et le souvenir en était fixé sur nos cahiers de littérature, car le récit de ces journées mémorables devenait le sujet d'une narration.

CHAPITRE SEPTIÈME.

La charité au pensionnat. — M. l'abbé Duminy.
— Fondation de l'Hospice des Incurables.

MADEMOISELLE Herbert avait toujours eu
un grand attrait pour l'exercice de la
charité. Nous l'avons vue, lorsqu'elle était à
ses débuts dans l'éducation de la jeunesse,
apprendre à ses petits élèves Louis et Marie
à secourir et à visiter les pauvres, et maintenant, entourée de nombreuses enfants, elle se
faisait un bonheur de les initier à la pratique
de cette charité active qui laisse après elle
de si douces joies. Sa parole ardente était
admirablement comprise par ses chères
élèves. Lorsque, sur son invitation, les Sœurs
de la paroisse envoyaient des vêtements à
confectionner pour les petites filles pauvres
de leurs écoles ou pour les familles qu'elles
secouraient, c'était à qui s'emparerait de la
besogne ; ce n'était pas assez de donner le
travail de leurs mains, elles avaient compris
que la charité, qui est le résultat du sacrifice,
est particulièrement agréable à Dieu ; aussi
vidaient-elles souvent leur bourse en faveur
des malheureux. Mais il y en avait tant à
secourir qu'elles étaient tout attristées d'avoir
si peu à donner. Un jour, pendant la récréation, les plus grandes élèves causaient en tirant
leur aiguille ; Sœur Eulalie avait demandé
de petits vêtements pour ses jeunes orphelines et elle savait si bien plaider leur cause !

— Oh ! que je voudrais être riche, s'écria
tout à coup l'une des jeunes filles, riche, très
riche !

— Et nous aussi, répondirent ses compagnes.

Elles énuméraient alors tout ce qu'elles pourraient faire avec cet or que tant d'autres ne désirent que pour contenter leur soif de luxe et de plaisir. L'une aurait fondé un hôpital pour les enfants malades ; une autre, un orphelinat ; une troisième, un asile pour les vieillards ; une élève plus jeune, qui se trouvait dans le groupe des travailleuses, aurait donné chaque dimanche des jouets et des gâteaux à ces pauvres enfants qui n'en ont jamais. « Enfin, puisque nous ne sommes pas riches, dit l'une d'elles, il faudrait nous créer des ressources. Si nous faisions de jolis ouvrages que nous vendrions ensuite à nos parents ? »

Après examen, le projet fut reconnu impraticable. Le temps manquait pour l'exécution de ces travaux.

— Il faut retrancher quelque chose de son superflu pour secourir les pauvres, nous dit souvent Melle Herbert ; voyons, quel est notre superflu ?

— J'ai trouvé ! s'écria l'une des élèves ; notre superflu, ce sont les fruits ou les confitures que Melle Virginie nous donne pour notre goûter. Voici venir le Carême, et nous pourrions bien, pendant ces jours de pénitence, nous contenter d'un morceau de pain sec.

— Que ferions-nous de toutes les poires, de toutes les confitures que cela économiserait ?

— Nous demanderions à notre chère Maîtresse de mettre dans notre caisse des pauvres le prix de ces fruits, et j'espère qu'elle l'accorderait pour les élèves de la Persévérance, car les petites ne sauraient se passer de ces douceurs.

Une députation fut envoyée à Melle Herbert, qui, après avoir résisté quelque peu pour éprouver la solidité d'une telle résolution, céda avec une grande joie au désir de ses chères enfants. Il fut décidé que l'Econome verserait dans la caisse autant de *sous* qu'il y aurait de goûters ainsi simplifiés. Ajoutons que, dans sa bonté maternelle, Melle Herbert fit commander chez le boulanger des pains particuliers, dont les belles croûtes dorées et croquantes adoucissaient bien la pénitence. Nous étions environ quatre-vingts dans la *Persévérance*, car, bien que les petites de l'*Espérance* eussent prié, supplié, pour obtenir ce que nous appelions, à juste titre, une faveur, elles avaient vu leur demande repoussée. « Plus tard, » avait répondu Melle Herbert. Or, quatre-vingts goûters à un sou, pendant quarante jours, cela formait un petit total de cent soixante francs, sans compter les Quatre-Temps qui nous donnaient le même privilège. Il y avait aussi la quête du dimanche. Après la distribution des croix, l'une des plus jeunes élèves passait dans nos rangs et recueillait nos petites offrandes. Sans doute, il n'y avait pas de pièces d'or, mais quelques-unes d'argent, quand par exemple on promettait intérieurement à Dieu cinquante centimes, un franc et même deux francs à la quête, si l'on avait été première ou si l'on avait eu le médaillon.

La caisse des pauvres était encore alimen-

tée par les *amendes*. Pour donner à ses chères
élèves des habitudes d'ordre, Melle Herbert
avait chargé l'une d'elles, la trésorière, de
recueillir après chaque exercice tous les
objets qui avaient pu être oubliés dans les
jardins, dans les salles de récréation, dans
les classes, et de noter sur son petit cahier
celles de ses compagnes qui avaient laissé à
leur place au réfectoire des restes de pain,
de viande, etc. Toutes ces inadvertances
étaient passibles d'amendes, qui ne dépas-
saient pas un *sou*. Au commencement de la
récréation suivante, la trésorière arrivait
avec une corde à jouer, une raquette, des
ciseaux, un dé, des crayons, etc... C'étaient
autant de preuves à conviction. Elle en faisait l'appel, et il fallait donner un sou pour
rentrer en possession de son bien. A la fin de
chaque mois, si, après les réclamations, il
restait quelques menus objets, ils étaient mis
en vente et leur prix en était versé dans la
caisse des pauvres.

La paroisse de la Cathédrale avait alors à
sa tête M. l'abbé Duminy, dont la mémoire
est restée en vénération à Amiens.

Pendant les vingt-trois ans qu'il la dirigea,
les œuvres qu'il accomplit furent très nombreuses ; il rétablit l'école des Frères et la
soutint seul pendant dix ans ; il fonda une
maîtrise pour la paroisse, il institua la Maison de Charité pour la visite des pauvres et
le soin des malades : ce fut l'œuvre la plus
chère à son cœur. Son amour pour les pauvres était si grand qu'il éprouvait un véritable bonheur à leur procurer quelques secours;
plusieurs fois, il vendit des meubles qui lui

✝ Mgr Jean-Pierre de Gallien de Chabons. ✝

(Voir page 97.)

Né à Grenoble le 11 mai 1756; 27 mars 1822 nommé par le roi évêque d'Amiens; 17 novembre 1822 sacré à Paris par Mgr de Latil, alors évêque de Chartres; 11 décembre 1822, entrée à Amiens; démissionnaire au mois de novembre 1837; retiré à Fontainebleau, il y mourut le 24 octobre 1838; enterré à la cathédrale dans le chœur.

✝ —— M. L'ABBÉ DUMINY, —— ✝

(Voir page 97.)

M. l'abbé Alexandre-Victor Duminy, né en 1754; accompagna en exil en 1792 Mgr de Machault, son évêque; curé de Notre-Dame d'Amiens; fondateur de l'hospice des incurables à Amiens en 1829 vicaire général; décédé à Amiens le 5 septembre 1838.

étaient fort utiles, ne sachant point résister aux demandes qui lui étaient adressées pour les malheureux. Jamais il ne négligea pour

eux aucune démarche ; dans ses dernières années et dans ses derniers jours, ses forces défaillantes se ranimaient au seul nom des pauvres. Malgré l'affaiblissement de sa vue

et la difficulté qu'il éprouvait à se soutenir, il
tenait à faire lui-même la quête annuelle dans
sa Cathédrale après le quatrième dimanche
de Carême, pour la *Maison de Charité*, et,
avant de mourir, il voulut recommander à ses
paroissiens, dans quelques pages émues, les
intérêts de ses chers pauvres. Rien du reste
n'égalait sa reconnaissance envers les personnes généreuses qui l'aidaient dans ses
pieuses entreprises. Il cherchait tous les
moyens de leur témoigner son dévouement ;
il priait pour elles, demandant à Dieu de les
bénir, et quelle que fût la paroisse à laquelle
appartenaient les bienfaiteurs de sa Maison
de Charité, il assistait toujours à leur service
funèbre. Son zèle n'était pas satisfait par tout
le bien qu'il faisait dans sa paroisse. Il avait
depuis longtemps conçu le dessein d'une fondation plus vaste ; il le réalisa en 1829 en éta-
blissant pour toute la ville, à côté du grand
Hospice Saint-Charles, celui des Incurables,
que la Providence depuis cette époque bénit
d'une manière sensible. Il fonda sept lits avec
le produit des aumônes dont il était le déposi-
taire. Son vif esprit de foi lui inspirait un grand
zèle pour procurer à l'Eglise de dignes ministres. Il aidait de toutes les manières possibles
les jeunes gens peu fortunés qui se destinaient
au sacerdoce. Pendant tout le temps qu'il
occupa la cure de la Cathédrale, son traite-
ment fut affecté à la maîtrise, qu'il appelait
son petit séminaire et sa pépinière de prêtres.
Sortis de cette première maison, les jeunes
gens continuaient à trouver en lui un protecteur et un appui, soit pour leur entretien au
séminaire, soit pour leur établissement dans

les paroisses. Plus d'un jeune ecclésiastique du diocèse lui a dû son premier mobilier, son premier linge et les premiers éléments de sa bibliothèque.

Mgr de Bombelles l'avait nommé vicaire-général, et ces doubles fonctions lui causèrent souvent des fatigues excessives. Sentant ses forces décliner, M. l'abbé Duminy voulut consacrer ses derniers jours à se préparer à la mort. En 1823, il donna sa démission de curé de la Cathédrale, conservant seulement l'administration des pauvres. L'œuvre de la Propagation de la Foi, destinée à soutenir, dans les contrées idolâtres, de nouveaux apôtres, et la fondation du Bon-Pasteur à Amiens, lui donnèrent l'occasion de manifester d'une manière signalée son dévouement à toutes les bonnes œuvres. On a calculé approximativement que les sommes employées par M. Duminy en secours et en fondations pour les pauvres, avaient atteint près d'un million.

Après de longues souffrances supportées avec une résignation vraiment angélique, soutenu et encouragé par son respectable ami M. l'abbé Voclin, vicaire-général, il s'endormit doucement dans le Seigneur, et alla recevoir la récompense promise au bon pasteur et au bienfaiteur des pauvres, éprouvant sans doute la vérité de cette parole qu'il aimait à répéter lui-même pour encourager à l'exercice de la charité : « L'aumône sera, devant le Dieu tout-puissant, le sujet d'une grande confiance. »

Ainsi que nous l'avons vu précédemment, M. l'abbé Duminy portait un paternel intérêt à la maison d'éducation de Melle Herbert, et la douce influence qu'il exerçait sur les élèves,

contribua puissamment à développer dans
leur cœur cet esprit de charité qui produisit
de si heureux fruits. Il savait les intéresser
aux besoins des pauvres de la paroisse ; tantôt il faisait appel à leurs doigts infatigables
pour confectionner des vêtements, tantôt il
les chargeait de dresser des comptes, ou de
copier des lettres dans lesquelles il sollicitait
la charité ; quelquefois, pour les encourager,
il joignait son offrande particulière à leur
petit trésor, mais le plus souvent il les asso-
ciait à ses bonnes œuvres, en donnant à leur
modeste concours une certaine importance.
A l'époque de la première Communion, il manifestait sa vive satisfaction lorsque les élèves
faisaient elles-mêmes des vêtements pour les
enfants pauvres qui devaient s'approcher de
la Table sainte. Plus d'une fois il consentit
à être le parrain de petites filles qu'elles
adoptaient. C'était alors une grande joie
au pensionnat et un grand honneur pour les
jeunes marraines. Leur sollicitude envers
leurs filleules était vraiment touchante ;
elles les habillaient, leur fournissaient un
petit trousseau et les suivaient jusqu'au
moment où elles pouvaient se suffire à elles-
mêmes.

Lorsque M. l'abbé Duminy fonda l'Hospice
des Incurables, les trésorières du pensionnat
demandèrent instamment de cumuler leurs
petites ressources afin de les lui offrir pour
cette fondation. Pour les remercier et les encourager au bien, il voulut leur laisser le choix
d'une malade pour le premier lit fondé. On
la trouva facilement, et ce fut une précieuse
consolation, dédommageant les jeunes bien-

faitrices des petits sacrifices qu'elles s'étaient imposés.

Il y avait à cette époque sept lits entretenus uniquement par M. l'abbé Duminy, et aujourd'hui l'établissement des Incurables en compte cent cinquante.

CHAPITRE HUITIÈME.

Mort de Mme Pélisson et de sa fille Amélie. — Entrée de Rosalie Fagart au Sacré-Cœur. — Virginie Lecornu. — La famille Corbie. — Retraite de Melle Cheneau. — Mission de 1825. — Mort de M. l'abbé Thibaud. — M. l'abbé Glaire. — Le choléra à Amiens. ◦-◦-◦-◦-◦-◦-◦

MALGRÉ les soins et les travaux incessants que réclamait de Melle Herbert la direction du pensionnat, elle ne négligeait aucune occasion de manifester à sa famille le profond attachement qu'elle avait conservé pour elle. Toujours, et nous en retrouverons les preuves plus d'une fois dans ce récit, elle fut la providence de ses parents.

L'une de ses tantes maternelles, Mme Pélisson, tomba dangereusemet malade. Douée de qualités précieuses, elle s'était trouvée dans des circonstances difficiles et orageuses. Il y avait bien des difficultés à vaincre pour ramener le calme dans son âme, et c'était ce but que Melle Herbert voulait atteindre. Prières, exhortations, démarches, tout fut mis en œuvre. Elle n'eut de repos que lorsque la malade, réconciliée avec DIEU, eut recouvré la paix de la conscience. Les consolations spirituelles ne lui manquèrent pas, mais la pauvre mère avait besoin de forces et de courage. Quatre enfants, que sa mort allait laisser orphelins, étaient là autour de son lit ; Melle Herbert comprenait la douleur profonde de sa tante ; elle parvint à adoucir ses angoisses en lui promettant que ses enfants ne seraient pas abandonnés.

La mort ne tarda pas à venir, et Mme Herbert, qui était bonne et généreuse, prit sans calculer les deux petites filles dans ses bras et les porta à son mari. « Voilà, lui dit-elle, deux orphelines que Dieu nous envoie. » M. Herbert, plein de confiance en la Providence, accepta cette nouvelle charge.

Lorsque l'aînée des petites filles fut en âge d'entrer au pensionnat, Melle Herbert l'adopta complètement. Amélie, par sa soumission et son aimable caractère, s'efforçait de manifester sa reconnaissance à sa cousine. Melle Herbert s'était profondément attachée à cette enfant ; mais Dieu lui en demanda bientôt le sacrifice. Elle fut atteinte de la scarlatine, et Melle Cheneau exigea qu'on la rendît à son père. Peu de jours après, elle expirait. Melle Herbert en éprouva un très vif chagrin. M. l'abbé Correur, la voyant si profondément attristée, lui rappela qu'Amélie s'était confessée quelques jours avant de tomber malade, et que ses compagnes avaient remarqué son émotion et son recueillement en sortant du saint Tribunal. Les élèves furent très impressionnées par cette mort si prompte, surtout celles qui se disposaient avec elle à la Première Communion. Elles se cotisèrent afin de faire dire des messes pour elle. Cette pieuse pensée toucha profondément Melle Herbert, et, pendant plusieurs années, elles renouvelèrent leur fraternelle offrande.

Les rapports les plus intimes et les plus affectueux continuaient d'exister entre la maison du Sacré-Cœur et celle de Melle Herbert ; il y avait entre elles des échanges d'âmes, si je puis m'exprimer ainsi.

Melle Rosalie Fagart avait été pendant plusieurs années l'une des collaboratrices les plus zélées et les plus appréciées de Melle Herbert. Une irrésistible vocation l'appelait à la vie religieuse, et, la première parmi les élèves du pensionnat, elle entra chez les Dames du Sacré-Cœur. Ce départ, qui laissait un grand vide, fut vivement ressenti par Melle Herbert ; mais de cette même maison du Sacré-Cœur lui vint, pour remplacer Melle Fagart, une jeune fille qui devait être plus tard pour elle cette amie dévouée qui l'entoura des soins les plus affectueux jusqu'à ses derniers jours.

Virginie Lecornu était orpheline ; elle avait été élevée par sa tante, Mme Desmarquest, l'une des premières compagnes de Mme Barat, et dont la mémoire est restée en grande vénération dans la société du Sacré-Cœur. Elle fut profondément touchée de l'accueil qu'elle reçut alors de Melle Herbert et se donna à elle tout entière. Douée de qualités précieuses, elle dirigea avec intelligence le côté matériel de l'établissement, et, par son amour de l'ordre, par son entente des affaires, elle rendit, pendant près de quarante ans, dans ses fonctions d'économe, de grands services à la maison, contribuant, pour sa large part, à sa prospérité.

Melle Herbert, qui avait dans le cœur des trésors de bonté et de compassion, possédait à un haut degré le don précieux de consolation. Il fut grand le nombre des âmes qu'elle soutint aux jours de l'épreuve ; elle savait trouver le chemin des cœurs affligés, et lorsqu'elle apparaissait dans une famille frappée par la maladie ou par la mort, elle laissait toujours tomber quelques-unes de ces paroles si douces et si persuasives dont elle avait le secret. Bien des fois, dans sa longue carrière, elle eut à exercer, parmi ses plus chers amis, cette mission d'ange consolateur.

La maison la plus voisine du pensionnat était occupée par la famille Corbie.

M. Corbie avait voué sa vie à l'enseignement de la jeunesse, d'abord dans un pensionnat qu'il avait fondé à Amiens et ensuite au collège de Montdidier, dont la direction lui avait été confiée. Lorsqu'il revint dans sa ville natale, usé par les labeurs et les fatigues de l'enseignement, il confia ses trois filles à Melle Herbert.

Henriette, l'aînée, se fit bientôt remarquer de ses maîtresses par sa piété, ses aimables qualités morales et son intelligence exceptionnelle. Lorsque son éducation fut achevée, d'élève elle devint maîtresse, et, malgré les difficultés que pouvait présenter sa nouvelle situation au milieu de ses compagnes de la veille, elle fut toujours respectée autant qu'aimée.

Melle Herbert avait une profonde estime et une grande affection pour la famille Corbie, qui était pour elle le type accompli de la famille selon le cœur de Dieu. Le père, la mère, un fils et trois filles, formaient un intérieur heureux, lorsque l'épreuve vint tout à coup détruire ce bonheur. La fille cadette, âgée de quinze ans, tomba gravement malade. Melle Herbert, dont elle était l'élève, allait souvent la voir ; elle l'encourageait par de pieuses exhortations à profiter de ses souffrances pour acquérir de précieux mérites. Le fils, brillant élève du collège de Montdidier, arrivé à Amiens pour se remettre d'une indisposition que l'on croyait n'être que passagère, mourut en quelques instants à la suite d'une hémorragie. Melle Herbert, appelée en toute hâte, allait de la mère désolée à la jeune sœur malade, à laquelle il fallait cacher la mort d'un frère tendrement aimé ; mais elle dut apprendre à sa chère Henriette, avec les précautions les plus maternelles, un malheur auquel la pauvre enfant ne voulait pas croire. Elle avait quitté son frère depuis une heure seulement ; il était occupé au jardin à la culture des fleurs ; comment la mort l'avait-elle ainsi frappé ?...

La sœur cadette mourut trois semaines après, laissant ses parents dans une profonde affliction. Melle Herbert redoubla d'efforts, dans ces tristes circonstances, pour soutenir et consoler des amis si affligés ; mais la pauvre mère ne put survivre à la perte de ses deux enfants, et elle alla bientôt les rejoindre dans un monde meilleur.

M. Corbie, âgé, infirme, réclamait les soins de son Henriette ; elle dut quitter le pensionnat pour se consacrer entièrement à cette tâche de dévouement filial. Ce fut pour l'établissement une nouvelle perte, et pour Melle Herbert, qui l'avait formée selon ses vues et qui espérait la garder longtemps encore près d'elle, un véritable chagrin. Amie très intime de Rosalie Fagart, Henriette Corbie avait les mêmes goûts et au fond du cœur les mêmes aspirations pour la vie religieuse ; mais elle comprit qu'il était de son devoir de fille de se consacrer complètement à son père, d'adoucir ses dernières années par ses soins affectueux, et de remettre à une époque plus éloignée l'accomplissement de ses désirs. Quelques années plus tard, lorsqu'elle eut fermé les yeux de ce père bien-aimé et confié sa jeune sœur à Melle Herbert, la suppliant de lui tenir lieu de père et de mère, elle suivit une vocation dont elle connaissait tout le prix. Ses adieux furent accompagnés de bien des larmes. Quoi qu'il en coûtât à Melle Herbert, elle surmonta ses propres émotions pour l'aider à franchir avec courage le pas qui restait à faire et la conduisit elle-même au Sacré-Cœur. C'était la seconde de ses élèves qu'elle remettait entre les mains de Mme Barat.

Claire Corbie, bien triste de cette séparation, trouva dans le cœur de Melle Herbert une affection qui ne l'abandonna jamais. Sa santé frêle et délicate réclamait de grands soins ; ses maîtresses, ses compagnes semblaient s'unir dans une même pensée pour adoucir la tristesse de l'isolement dans lequel la laissaient tant de pertes successives. Continuant sa mission auprès de cette enfant qui était devenue sienne, Melle Herbert ne crut sa tâche accomplie que lorsqu'après avoir beaucoup refléchi et beaucoup prié, elle eut pourvu à son établissement. Son bonheur semblait être assuré quand la mort vint la frapper à son tour quelques années plus tard.

Dix ans s'étaient écoulés depuis l'association de Melle Herbert avec Melle Cheneau. Le pensionnat était devenu florissant et avait acquis, grâce à la direction qu'elle lui avait donnée, une grande réputation. Pendant ce temps, elle avait rencontré bien des difficultés, portant presque à elle seule le poids du travail et de la responsabilité, sans avoir cette entière liberté d'action si nécessaire à la bonne direction d'une maison d'éducation, et sans trouver les dédommagements pécuniaires qu'elle était en droit d'attendre et qui lui auraient donné la possibilité si désirée de venir en aide à sa famille. Tout à coup, sans que rien eût fait prévoir cette détermination, Melle Cheneau déclara qu'elle se retirait. Aucune considération ne put la faire changer de résolution.

Elle avait avec elle sa mère âgée, souvent malade, et sa sœur, qui refusèrent de la suivre dans sa retraite, préférant rester avec une amie dont elles avaient su apprécier les nobles qualités. Melle Herbert n'avait aucune ressource personnelle, la situation était donc bien délicate. Elle mit toute sa confiance en Dieu et sortit de ce pas difficile avec l'aide d'amis dévoués.

Son affectueuse et constante sollicitude s'exerça toujours envers son ancienne associée, dont elle fut la Providence visible de 1825 à 1860, époque de sa mort. Elle fit preuve d'une patience, d'une mansuétude, d'une abnégation qui montrent jusqu'où peut aller une vertu vraie et solide. Melle Cheneau avait du reste, pour celle qu'elle appelait sa meilleure amie, une reconnaissance qu'elle exprimait en termes émus.

« Je viens encore de recevoir, lui écrivait-elle, une nouvelle marque de la continuité de tes bontés pour moi ; je l'ai offerte au Seigneur pour qu'il la porte en ligne de compte avec tant d'autres que j'ai reçues de toi depuis que j'ai eu le bonheur de te connaître, ma bien chère amie. Rien ne t'a coûté pour me venir en aide de toutes les manières ; aussi je demande chaque jour à Dieu qu'il conserve, qu'il bénisse, qu'il comble de ses faveurs les plus insignes celle qui ne semble vivre que pour répandre des bienfaits... »

En 1825, une grande mission fut donnée à Amiens ; dix prédicateurs, tous connus par leur zèle pour le salut des âmes, se partagèrent les paroisses de la ville. M. l'abbé Guyon, célèbre orateur, se faisait entendre à la Cathédrale. Il y avait des sermons pour différentes catégories d'auditeurs et chaque jour des instructions pour les enfants, auxquelles les directrices des pensionnats conduisaient leurs élèves. Le chant des cantiques s'entremêlait à la prédication, et M. l'abbé Duminy, qui connaissait le talent poétique de Melle Herbert, l'avait chargée d'en composer de spéciaux pour cette mission. C'est à elle aussi qu'il eut recours pour la cantate des hommes au moment des adieux faits aux missionnaires. La modestie de Melle Herbert fit qu'à cette époque on ne connut point l'auteur de ces chants, que l'on répétait encore longtemps après la mission et dont quelques échos sont même arrivés jusqu'à nous.

Cette mission produisit de très heureux fruits dans les âmes ; elle fut marquée d'un grand nombre de conversions et se termina par une magnifique cérémonie à laquelle tout Amiens prit part : la plantation d'une immense croix sur l'une des places de la ville, la place

St-Denis, qui avait été autrefois un cimetière. Bien des années plus tard, lorsque cette place fut transformée en square, on transporta la croix de la Mission dans le transept nord de la Cathédrale, où elle est encore aujourd'hui.

Melle Herbert aimait à remonter par la pensée vers les premières années de sa jeunesse, et ses sentiments de reconnaissance envers M. Thibaud, qui avait contribué si puissamment à la faire entrer dans la voie de l'enseignement, n'avaient pas été affaiblis par le temps.

Cet homme éminent avait quitté la direction du collège d'Amiens pour occuper une plus haute situation, et il avait rendu de grands services à l'Université en remplissant d'une façon remarquable les fonctions d'Inspecteur général auxquelles il avait été appelé. Une seule fois il revint à Amiens, et c'est avec une profonde émotion que Melle Herbert reçut celui qui avait été son premier maître. M. l'abbé Thibaud, de son côté, était heureux de retrouver Adélaïde au milieu d'une jeunesse nombreuse qu'elle dirigeait avec une grande sagesse. Le voyage de Paris à Amiens était encore à cette époque long et pénible. Il fallait douze heures de diligence pour l'effectuer, et on ne l'entreprenait pas sans nécessité. M. l'abbé Thibaud ne revint plus en Picardie. Quelques années après, il était atteint d'une grave et douloureuse maladie. Lorsque Melle Herbert, qui correspondait fréquemment avec lui, eut appris l'état inquiétant de sa santé, elle le pria de lui donner ou de lui faire donner souvent de ses nouvelles. Il habitait alors la Sorbonne. Dans la solitude qu'il avait voulu faire autour de lui pour se préparer à la mort en ne s'occupant plus que des vérités éternelles, il recevait cependant avec plaisir un jeune ecclésiastique de beaucoup d'avenir, M. l'abbé Glaire, professeur d'hébreu, qui lui servait souvent de secrétaire. Il lui parla d'elle, de sa haute intelligence, de ses grandes qualités de cœur et de la mission qu'elle remplissait avec autant de succès que de dévouement.

C'est ainsi que s'établit entre ces deux âmes d'élite une intimité dans laquelle Melle Herbert puisa plus tard de véritables consolations.

Ce fut M. l'abbé Glaire qui assista M. l'abbé Thibaud dans ses derniers moments et qui lui ferma les yeux. Lorsqu'il écrivit à Melle Herbert pour lui apprendre la mort de son respectable ami, il lui donna les détails les plus consolants ; mais il comprenait que ce lui serait une grande consolation d'en avoir de vive voix de plus précis encore sur un événement qui laissait un si grand vide dans son cœur ; il fit donc le voyage d'Amiens et y revint ensuite chaque année. C'était grande fête au pensionnat lorsqu'on apprenait l'arrivée de M. l'abbé Glaire. Méridional de naissance, il avait une gaieté charmante, et savait, sous des allégories très fines et très délicates, nous donner d'utiles leçons. D'une taille très exiguë, il aimait à dire aux plus jeunes élèves qu'il devrait être l'aumônier du petit pensionnat. Pendant ses courts séjours à Amiens, il allait souvent au grand séminaire, où sa présence était désirée ; et là, se mêlant aux élèves pendant les récréations, il ne cessait de les engager à apprendre l'hébreu, cette langue si utile pour étudier l'Ecriture Sainte. Puis l'Evêché le réclamait aussi, et NN. SS. les évêques qui se succédèrent à Amiens, apprécièrent tous la science profonde et la piété du doyen de la Faculté de Théologie de Paris.

La santé des enfants confiés à Melle Herbert était l'objet d'une vive sollicitude de sa part. Son attention était sans cesse en éveil à ce sujet. Devançant notre époque, où l'hygiène est en si grand honneur, elle ne négligeait rien pour prévenir ce qui aurait pu causer le moindre préjudice à l'état sanitaire de sa maison. L'aération des appartements, le mode de chauffage et d'éclairage, le choix de la nourriture, tout était minutieusement surveillé par elle ; enfin elle entrait dans ces mille détails qui préoccupent la mère de famille la plus dévouée.

Parmi un si grand nombre d'enfants, il était impossible d'éviter quelques indispositions et les petites maladies inhérentes à cet âge. Les conseils de M. le docteur Lemerchier (1), l'un des médecins les plus expérimentés de la ville d'Amiens, étaient aussitôt et bien souvent réclamés ; mais il admirait toujours la manière intelligente dont les premiers soins étaient donnés dans ces circonstances par Melle Herbert. « Quand j'arrive, disait-il, ce que j'aurais ordonné est déjà fait. »

Une terrible épidémie de fièvre typhoïde fit à Amiens, en 1830, un grand nombre de victimes. Le pensionnat de Melle Herbert ne

---

1. Directeur de l'Ecole de Médecine et maire d'Amiens.

fut pas épargné. Quatorze élèves subirent la contagion ; sept d'entre elles étaient malades chez leurs parents, les sept autres au pensionnat. Ce fut la plus rude et la plus forte épreuve qu'ait eu à supporter Melle Herbert. Elle veillait auprès de ses chères enfants avec une sollicitude infatigable, allant de l'une à l'autre, s'assurant que rien ne leur manquait.

L'épidémie fut très longue et le danger était sans cesse renaissant. Brisée par les inquiétudes et la fatigue, elle voulait quand même continuer aux élèves en bonne santé les leçons qu'elle leur faisait habituellement. Ses courageux efforts pour les rendre intéressantes et pour dissimuler sa tristesse rendaient bien pénibles pour elle ces heures autrefois si douces.

Le jour où la dernière malade, qui avait donné pendant deux mois et demi les plus vives inquiétudes, retournait convalescente dans sa famille, une autre élève, Flavie de Roquigny s'alitait. Cette jeune fille était d'une bonté, d'une douceur qui la faisaient aimer de tous. Ses vertus précoces, sa grande piété faisaient l'édification de ses compagnes. La première pensée de Melle Herbert lorsqu'elle la vit si fortement atteinte, fut que Dieu voulait cueillir un fruit déjà mûr pour le Ciel. Elle ne s'était pas trompée. Au neuvième jour de sa maladie, la jeune Flavie, entourée de sa famille et donnant jusqu'à la fin l'exemple d'une parfaite résignation, s'endormit doucement dans le Seigneur.

La douleur de ses parents fut bien grande, mais celle de Melle Herbert ne le fut pas moins, car elle avait pour ses élèves un cœur de mère. C'était la première épreuve de ce genre qu'elle subissait, et sa santé en fut fortement ébranlée.

L'année suivante, le choléra sévit à Amiens avec une violence extrême. La responsabilité qui pesait sur la directrice d'une maison d'éducation était trop grande pour que Melle Herbert ne prévînt pas aussitôt les familles des élèves. L'épidémie s'était répandue dans presque tout le département de la Somme, et celles qui habitaient la campagne et se trouvaient par là même privées des secours médicaux, prièrent Melle Herbert de conserver leurs enfants. Les mesures préventives les plus minutieuses furent prises alors, et, par la protection du Ciel, le terrible fléau passa sans exercer aucun ravage au pensionnat.

Au milieu de toutes ses épreuves, de grandes consolations étaient réservées à Melle Herbert. Le Seigneur bénissait ses efforts constants et elle voyait chaque année sa famille adoptive devenir plus nombreuse. Pouvoir faire le bien à beaucoup de jeunes âmes était la réalisation de ses désirs les plus ardents ; elle trouvait aussi dans ce succès croissant la possibilité de venir en aide à ses parents bien-aimés. Combien elle fut heureuse le jour où elle put leur procurer une installation telle que son cœur la souhaitait pour eux ! L'une de ses tantes vint partager la douce retraite qu'elle avait préparée. C'est là que, touchés d'un dévouement et d'une sollicitude dont ils ne s'étonnaient point du reste, son père et sa mère lui donnèrent la joie ineffable de les **voir** rentrer en grâce avec Dieu. Il y avait bien des excuses à leur indifférence en matière religieuse, mais cette indifférence était pour leur fille si pieuse la cause de grandes inquiétudes. La mort pouvait les surprendre avant ce retour si ardemment demandé au Ciel.

Le Seigneur voulut récompenser le dévouement filial d'Adélaïde ; ils se rendirent à sa prière, et, revenus sincèrement à Dieu, ils se montrèrent dans toute leur conduite de fervents chrétiens, trouvant dans les pratiques de la religion cette paix, ce bonheur qui est dès ici-bas la récompense d'un retour sincère à la foi. Avec quelle joie Melle Herbert se rappelait plus tard les paroles de son bon père : « Ma pauvre petite, (c'était le nom qu'il donnait toujours à son Adélaïde,) je ne croyais jamais être si heureux dans mes vieux jours. »

Ce retour à Dieu avait inspiré à Melle Herbert des lignes émues qu'elle traça le soir de l'une des plus douces communions de sa vie :

O jour d'ineffables délices !
Tu vivras à jamais dans le fond de nos cœurs.
Jour où le Ciel accueillit les prémices
Du fruit de ses faveurs.
Un Dieu me fut promis !... Au pied de ses autels
Mon cœur guidé par l'espérance,
Goûtait, savourait par avance
Les plaisirs purs des immortels.
D'un ministre de paix, d'un ange de la terre,
La douce voix soutenait mon ardeur,
Son âme sut prêter à ma vive prière
L'accent de la ferveur.
Bientôt, mon Dieu comble l'espace
Qui me séparait du bonheur.
Les cieux se sont ouverts... Prodige de la grâce !
Jésus est dans mon cœur !

O douceur, ô triomphe, ô comble de la gloire,
O saints ravissements, ô célestes transports !
Que votre souvenir, gravé dans ma mémoire,
Soutienne mon courage, anime mes efforts.
                    Non loin de moi, ma tendre mère,
En partageant ma joie, a vu couler mes pleurs.
Sa prière bientôt rencontra ma prière,
Un cher et même objet réunit nos deux cœurs.
Mon Dieu, tu l'as comblé, ce vœu de ma tendresse,
Mon père est ramené sous ta divine loi.
Avec quel saint orgueil et quelle douce ivresse
Il signale aujourd'hui son courage et sa foi !
Seigneur, au saint Banquet où ta voix me rappelle,
Entre ma mère et lui je pourrai me placer !
Mon cœur brûle déjà d'une flamme nouvelle,
Plus de pleurs... ou l'amour seul les fera verser.
O Dieu, Dieu de bonté, couronne ton ouvrage,
Fais à tous les enfants ressentir mon bonheur,
Bénis notre cité, tire-la d'esclavage,
Et que tous nous soyons les enfants du Seigneur.

AMÉLIE PÉLISSON, dont la mort avait si profondément attristé Melle Herbert, avait une sœur plus jeune qu'elle, que M. et Mme Herbert gardèrent près d'eux et qui leur était une douce compagnie ; mais elle venait de faire sa première Communion, et il était temps de s'occuper sérieusement de son éducation. Melle Herbert la prit donc au pensionnat. Les précieuses qualités de cette enfant de bénédiction lui conquirent bientôt l'affection de ses compagnes et de ses maîtresses. Pleine de reconnaissance pour celle qui assurait son avenir par l'instruction qu'elle lui donnait, Pauline avait compris que le seul moyen de le lui témoigner était d'apporter une application constante à tous ses devoirs d'écolière. Ses progrès furent rapides et de nombreux succès couronnèrent ses efforts. Lorsque son éducation fut terminée, elle manifesta le désir de rester auprès de Melle Herbert, car elle n'avait rien de plus à cœur que de lui venir en aide. Mais celle-ci ne voulait pas que ce sentiment si bon et si délicat devînt un jour une source de regrets pour Pauline, et afin qu'elle se décidât en pleine connaissance de cause, elle lui fit, avec une élévation de pensées, une largeur de vues et la franchise qui la caractérisaient, le tableau fidèle des obligations que contracte l'institutrice chrétienne, ne dissimulant point les difficultés, les peines et les épreuves que l'on rencontre souvent dans cette noble pro-

fession. Les premières pages de cet écrit,
trop étendu pour être cité ici, nous révèlent
tout ensemble, et l'affection vraiment maternelle de Melle Herbert pour Pauline, et la générosité de son caractère, qui n'acceptait aucun sacrifice pour la satisfaction de ses désirs
personnels.

« Tu vas entrer dans ta dix-huitième année, ma Pauline, écrivait-elle ; tu as terminé
tes cours au pensionnat ; tes émules sont re-
tournées au sein de leurs familles, et toi ?...
tu demeures auprès de ta meilleure amie, de
celle que tu te plais à nommer ta mère et
qui te chérit comme son enfant. Tu connais
le besoin et le plaisir de l'occupation, tu vas
travailler pour perfectionner ton instruction
et attendre dans un studïeux loisir que tu
connaisses bien ton attrait, tes moyens, la
volonté de Dieu enfin, qu'il te manifestera sûrement, si tu veux sincèrement faire le bien.

» Déjà j'ai surpris des larmes dans tes
yeux ; j'ai deviné les pensées de ton cœur. Il
te semble aborder une terre inconnue ; tu
jettes un regard en arrière sur les jours se-
reins de ton enfance ; tes compagnes, tes pai-
sibles combats, tes triomphes si doux, tout a
fui et sans retour... Ainsi, et plus rapidement
encore, s'écoulera le reste de ta carrière.
Heureuse et mille fois heureuse si, de ton automne comme de ton printemps, il ne te reste
qu'un doux souvenir : celui d'actions vertueuses et de jouissances pures !

Pour te procurer ce bonheur, il faut avant
tout, mon enfant, délibérer avec toi-même en
la présence du Seigneur, lui demander de te
montrer le sentier que tu dois tenir, et méri-

ter cette grâce par un accroissement continuel de piété.

» Sans doute, l'ordre ordinaire des choses, disons mieux, l'ordre de la Providence, paraît t'appeler à mettre à profit l'éducation que tu as reçue en partageant mes travaux et, plus tard, en continuant l'œuvre que le Seigneur m'a donnée à faire, s'il daigne lui-même continuer de la bénir. Cette espérance est pour moi une consolation bien douce ; mais je ne veux pas qu'elle te soit une loi impérieuse. Je t'aime trop pour accepter que tu t'imposes un joug si rigoureux par le seul désir de me prouver ta reconnaissance.

» Les devoirs de l'institutrice sont nombreux et pénibles ; quelque sacré que fût le motif par lequel alors tu les aurais embrassés, il ne serait pas assez puissant pour te donner toujours la force de les remplir. Je veux donc te montrer avec impartialité le pour et le contre. Je ne te dissimulerai rien des amertumes, je les ai si souvent éprouvées ! je te dirai aussi les douceurs attachées à ma position. Enfin, ma Pauline, je t'indiquerai la source, et la source unique où tu iras retremper ton courage et puiser la joie au sein même des tribulations... »

Et, après le développement de ce plan, elle ajoute : « La vie est courte, elle est semée de croix ; sans doute le moment qui doit la terminer est redoutable, mais qu'elle est consolante cette pensée : Oui, mon Dieu, malgré tant de misères et d'infidélités que je déplore, oui, si vous m'appelez à vous, il me semble que j'oserai placer entre votre justice et ma faiblesse ces enfants bien-aimées que je n'aimais que pour vous, ces enfants dont plusieurs ont déjà reçu leur couronne ; et, grâce à vos miséricordes et à leur innocence, l'espoir ne périrait point dans mon cœur...

» Il viendra, mon enfant, ce moment suprême : quel parti voudrais-tu avoir pris alors ? Dans quelles dispositions voudrais-tu l'avoir embrassé ? Comment voudrais-tu en avoir rempli les devoirs ?

» Voilà les questions que tu dois t'adresser à toi-même. Prie, réfléchis, consulte, et mérite par ta piété que le Seigneur soit lui-même ton guide et ton appui. »

. . . .

Pauline ne fut point effrayée du tableau tracé par sa cousine ; elle avait soif de dévouement et se sentait attirée vers une carrière où le travail et l'abnégation sont, pour ainsi dire, le pain quotidien. Elle se mit à l'œuvre avec un grand courage et aussi avec une grande joie. Une classe lui fut confiée et ses heureux débuts rappelèrent cette autre jeune fille, Henriette Corbie, qui avait également compris la grande mission de l'institutrice et que nous avons vue, après quelques années passées au pensionnat, aller l'exercer dans la Société du Sacré-Cœur.

Melle Herbert se réjouissait donc à la pensée que sa fille adoptive pourrait l'aider dans l'œuvre qu'elle avait entreprise, et la continuerait lorsque ses propres forces viendraient à la trahir ; elle se reposait sur cette douce espérance... Mais Dieu, qui l'avait appelée à une haute perfection et qui voulait qu'elle marchât à sa suite dans la voie royale de la Croix, ne permit point qu'elle jouît longtemps de cette consolation. La santé de Pauline s'altéra bientôt, et, malgré le courage et l'énergie qu'elle déployait pour suffire à sa tâche quotidienne, elle fut vaincue par la souffrance. Une toux presque continuelle fut le premier symptôme alarmant, et le médecin ne cacha pas à Melle Herbert la gravité de sa situation. Dominant ses impressions douloureuses, elle s'efforça alors de soutenir le courage de sa chère malade ; elle lui prodigua les soins les plus tendres et les plus intelligents, qui amenèrent de temps à autre quelque légère amélioration. Six ans s'écoulèrent dans des alternatives d'espérances et de craintes. Mais laissons Melle Herbert nous redire elle-même ses cruelles inquiétudes et les déchirements de son cœur. Elle a consigné toutes les circonstances où la douceur, la patience, la résignation de sa chère Pauline s'étaient manifestées. C'est un véritable chemin de la Croix aussi douloureux pour elle que pour celle qui allait y consommer son sacrifice. Ces pages si touchantes sont du reste un enseignement précieux ; car il faut, apprendre non seulement à vivre, mais encore à mourir.

« Dès le mois de janvier 1833, tout espoir de guérison pour mon aimable et courageuse enfant s'évanouit pour moi. Mais si le Ciel me refusait sa santé, il la comblait de bénédictions bien autrement précieuses. Son esprit, éclairé par la réflexion, acquérait une solidité et une justesse bien rares à son âge. Ses occupations, qu'elle chérissait, étaient remplies avec un zèle aussi actif que le talent qu'elle y mettait était sûr et délicat. Les enfants l'aimaient beaucoup et, malgré sa jeunesse, elles avaient un grand respect pour elle. Les anciennes élèves qui fréquentaient la maison, trouvaient en elle une amie de tous les moments, et celles qui avaient connu la promptitude naturelle de son caractère, aimaient à rendre justice à cette douceur charmante conquise par tant d'efforts. Lorsque ses maux lui donnaient un peu de relâche, elle témoignait une si aimable gaieté, que l'on était tenté de se faire illusion sur l'état réel de sa santé. Son excellent cœur se dilatait chaque jour. Une bouche indiscrète lui rapporta quelques propos désagréables tenus par telle personne : « C'est impossible, répondit-elle, je l'aime tant ! » Cette disposition de bienveillance s'étendait aux malheureux, qu'elle soulageait de tout son pouvoir. Sa foi vive lui montrait les pauvres comme les membres souffrants de Jésus-Christ. Secourir l'un d'eux était sa plus douce jouissance. Je n'oublierai jamais cette scène si touchante qu'elle nous offrit au dernier jour de Noël. Prosternée devant notre bon Père Correur, elle lui présenta un pauvre petit enfant pâle, débile, qui semblait n'avoir plus qu'un souffle de vie, et sollicita une bénédiction pour ce cher petit, qu'elle appelait son fils. Peu de mois après, l'enfant et sa mère adoptive étaient réunis auprès du trône de l'Agneau, de ce Dieu dont les prédilections sont pour l'innocence.

» Oh ! l'innocence de ma Pauline ! c'est surtout ce dernier trait que je veux retracer. Quelle candeur ! quelle belle et touchante naïveté ! Que ne puis-je reproduire ici toutes les preuves qu'elle m'en donna dans ces effu-

sions de cœur si délicieuses et dont il ne me
reste, hélas ! aujourd'hui que le souvenir ! Ce
qui m'a fait apprécier surtout cette angélique
pureté, c'était l'union dans son âme de qualités qui semblaient au premier abord devoir
s'exclure. A une certaine vivacité d'imagination s'alliait un tact parfait, une modestie
charmante, une réserve pleine de dignité. Son
âme ne connaissait des affections de ce monde
que celles que la vertu consacre. Ange des-
tiné au Ciel, elle devait ignorer jusqu'à son
dernier jour les penchants de notre nature
déchue.

» Mais il nous faut arriver, hélas ! aux moments les plus douloureux de sa longue chaîne
de souffrances. Le jour de l'an 1835, elle
m'avait accompagnée dans quelques visites
d'usage ; elle en était heureuse, et la gaieté
qu'elle témoignait m'eût rendu l'espoir, si la
toux qui la fatiguait sans cesse ne m'eût rappelée à mes craintes. A la fin de l'après-midi,
nous entrâmes à la chapelle des religieuses
Clarisses, où il y avait fête, pour recevoir la
bénédiction du Saint-Sacrement. Elle s'y
trouva mal, et c'est à partir de ce jour que
commença sa dernière maladie. Une maigreur
effrayante qui allait toujours croissant, un dé-
goût de toute nourriture, des crises plus douloureuses et plus alarmantes, firent bientôt
comprendre à la chère malade elle-même que
le terme de ses souffrances approchait. En
vain j'essayai de la rassurer, elle parlait avec
fermeté de son état, et un soir que les douleurs cruelles qu'elle endurait m'avaient retenue près d'elle, lorsqu'elle eut retrouvé un
peu de calme, elle m'enlaça dans ses bras et

me dit du ton de sa voix la plus tendre :
« Bonne mère, j'aurais racheté ma vie bien
cher pour vous la consacrer, c'eût été mon
bonheur, le bon Dieu le sait, mais il ne le
veut pas. Vous m'avez appris que sa volonté
devait régler la nôtre. Qu'elle soit donc faite,
cette adorable volonté ! Songez qu'il vaut
bien mieux que vous restiez sans moi, qui ne
vous ai causé que du tourment, que je reste
sans vous, sans vous qui avez été tout pour
moi. L'unique chagrin que j'emporterais serait
la vue du vôtre. Oh ! si je pouvais vous parler
à mon dernier moment, ce serait pour vous
répéter : « Ma mère, ma bonne mère, ne vous
affligez pas. »

» J'avais le cœur si serré que, quelque envie
que j'eusse de donner un autre cours à ses
idées, je ne pus articuler une parole. Elle
s'aperçut, sans doute, de l'effet qu'elle avait
produit et continua : « Du moins, vous ne
pouvez disconvenir que ces pensées doivent
inspirer un sincère désir de conversion parfaite, et vous serez heureuse de me voir me
convertir. Promettez-moi donc de m'épargner
des visites qui ne seraient propres qu'à me
distraire. Une pauvre malade n'a pas trop
du peu de temps dont ses douleurs lui per-
mettent de profiter, pour s'occuper du bon
Dieu.

— Tu fais bien, chère enfant, lui répondis-
je, en essayant de le prendre sur le ton le
moins sérieux possible ; de cette façon, les
choses ne peuvent manquer de t'être profitables, et il serait à désirer que nous eussions
ces dispositions à la moindre maladie.

— La mienne est grave, reprit-elle, mais

j'ai confiance en Dieu ; il m'a marquée de sa croix.

— Oui, chère enfant, tu es à lui ; aime-le, prends confiance.

— Bonne mère, dit-elle encore, vous ne devez pas vous affliger. Oui, j'ai confiance que le bon Dieu me recevra dans son sein. Je cesserai de souffrir et je suis heureuse à cette pensée, car vous avez tant souffert pour moi ! Je demanderai à ce Dieu de bonté de vous conserver longtemps, longtemps encore notre bon Père Correur, car lui vous est utile. »

Bientôt la fièvre l'envahit, ses nuits furent de longues et cruelles insomnies. Bien des consolations lui vinrent de toutes parts, chacun s'empressait de lui témoigner sa compassion. Qu'elle fut sensible à ces attentions ! Elle aimait à me les faire remarquer. Comme elle veillait sur elle-même ! Quelle délicatesse de conscience, quelle résignation à se soumettre à tout ce qu'on exigea d'elle, sans espoir cependant d'y trouver un adoucissement à ses maux ! « Je sais, disait-elle un jour à sa bonne infirmière, je sais que tout est inutile pour moi ; mais je ne reculerai devant rien de ce que l'on m'ordonnera, je ne veux pas joindre au chagrin de ma pauvre mère celui de pouvoir attribuer au refus que j'aurais fait d'un médicament, ce qui ne peut manquer d'arriver bientôt. »

Fidèle à ce plan jusqu'au scrupule, les sangsues qu'elle appréhendait, les cautères pour lesquels elle avait la répugnance la plus prononcée, tout fut adopté et employé au premier mot et sans la moindre réclamation. Le médecin avait parlé d'une emplâtre à poser sur le dos. Il en reconnut trop tôt et trop évidemmsnt l'inutilité et n'en parla plus. Elle le lui rappela un jour.

— Nous verrons, répondit-il.

— Au moins, dit-elle, ce nest pas moi qui le refuse.

« Je n'ai jamais demandé au bon DIEU ni la vie, ni la santé, me disait-elle ; ne sait-il pas mieux que nous ce qui nous convient ? Oh ! en tout et pour tout, ne voulons que ce que le bon DIEU voudra. »

Les enfants de sa classe l'occupaient encore vivement ; elle s'informait de leurs progrès, de leur conduite, et je la trouvai un jour pleurant amèrement parce qu'elle venait d'apprendre un trait d'indocilité de l'une d'elles. La tendre affection qu'elle leur portait la rendait plus sensible à ce chagrin qu'à ses propres maux.

L'avenir qui s'ouvrait devant elle remplissait toutes ses pensées. Elle se plaisait à me faire répéter les détails de la mort de sa mère, les motifs de sécurité que nous avait laissés son frère ; elle rappelait souvent le nom et l'amitié de la jeune Eulalie partie aussi pour le Ciel, puis, reportant son regard en arrière, elle aimait à nourrir sa pensée des souvenirs de ceux qui l'avaient aimée.

« Savez-vous à quoi je pense sur ce lit qui laisse à penser ? me dit-elle un jour. Au bon DIEU sans doute, aux tendres soins que sa Providence a pris de moi ; mais je me rappelle aussi avec bonheur tous ceux qu'il a rendus pour moi les instruments de ses bienfaits : et cette bonne tante Herbert qui veilla

sur ma première enfance avec tant de sollicitude, et cette tendresse de père que me
témoigna toujours mon cher oncle, et cette
affection si touchante des Dames du Sacré-
Cœur et de ma chère petite sœur Henriette.
Oh ! qu'elle fut bonne pour moi ! » Et sur ce
chapitre l'aimable enfant devenait intaris-
sable. « Enfin, me disait-elle, au-dessus de
tout cela, vous m'apparaissez toujours, vous
à qui j'ai coûté tant de soins et tant de larmes,
vous qui avez été tout pour nous tous. C'est
toujours votre main que je vois... Et j'avais
espéré vous rendre quelque chose pour tant
de bienfaits ; mais Dieu ne le veut pas, bénis-
sons-le encore. »

Les jours gras arrivèrent, ces jours où je
me suis fait une loi de garder mes enfants
et d'attirer même à nos récréations leurs
anciennes compagnes. C'est jours-là, Pauline
avait ordinairement la direction des diver-
tissements, et il me fallait la remplacer
moi-même dans ces occupations, dissimuler
aux yeux des enfants les cruelles souffrances
de mon pauvre cœur, et en même temps
procurer à ma fille chérie les secours de la
religion. De nouvelles crises, plus intenses
que toutes les autres, nous firent une nécessité de la faire se confesser le jour même
du mardi-gras. Cependant le mal s'éloigna
encore, et si la phthisie se développait, elle
amenait avec elle son caractère de sécurité.
D'une faiblesse extrême, ma chère malade
parlait de rétablissement, calculait l'époque
où elle irait à la messe et ferait ses dévo-
tions. Lui dire qu'elle ne pouvait plus l'espérer, ç'eût été lui donner une émotion

pénible que la Providence voulait lui épargner ; lui laisser cette espérance, c'était hasarder ses plus chers intérêts. Que faire ? Le bon Dieu vint encore à notre secours. La fête de l'Annonciation approchait. Déjà Pauline m'avait demandé plusieurs fois si elle pourrait aller à la grand'messe pour Pâques. « Il faut espérer, lui dis-je, que cette belle fête te verra dans la maison du Seigneur ; mais tu pourrais, sous les auspices de ta Mère du Ciel, te procurer le bonheur de jouir plus tôt de sa douce présence. » Et je lui fis goûter cette idée plus facilement que je l'avais espéré ; car, d'un côté, elle ne se croyait plus assez malade pour communier en Viatique, et d'un autre côté, communier à dévotion dans sa chambre lui semblait une faveur si grande, si peu méritée !... Toutes ses craintes étant calmées, elle se prépara avec la foi et la ferveur d'un ange à la grande action qu'elle avait à faire. La veille au soir, elle me demanda de lui parler pour la préparer. « Oh ! quand je pense, me dit-elle ensuite, que tant de fois, malgré les conseils de mon bon Père Correur, je me suis éloignée de la Sainte Table pour des craintes puériles, et que Notre-Seigneur lui-même va venir de son saint temple ici pour moi !...... Oh ! mon Dieu, que je serai docile quand je serai rétablie ! Oui, je vous le promets, je vivrai pour vous. » Le bon Dieu se contenta de ces dispositions. Pauline ne devait plus vivre ; elle devait mourir, et le jour était bien plus proche que nous ne le pensions.

Le 25, j'étais de bonne heure dans sa

chambre. Elle était déjà en prière. Elle veilla elle-même à tout ce que demandaient le respect et les convenances pour l'Hôte divin qui allait venir, et cela avec un calme admirable. Elle me pria de ne laisser mettre que des fleurs blanches autour de sa Sainte Vierge et d'être seule avec elle au moment précieux de la réception du Sacrement. Avec quelle piété angélique elle s'unit à son Dieu ! Le digne ecclésiastique qui la communia disait ce même jour à des amis de cœur : « Ailleurs, on cherche à exciter la piété par des paroles; près du lit de cette jeune vierge, je sentais que toutes mes paroles ne pourraient approcher de ses sentiments. » Quand le prêtre se fut retiré, je la laissai quelque temps jouir de son bonheur, que je contemplais avec un mélange indicible de douleur et de joie. « Veux-tu que je parle, chère enfant ? » lui dis-je ensuite. « Je vous en prie, » me répondit-elle. Et moi, je priai le Seigneur de mettre sur mes lèvres et dans mon cœur le langage qui convenait à son enfant. Je crus sentir qu'il m'exauçait. Après nous être offertes à lui, nous le remerciâmes et lui fîmes le sacrifice de ce que nous avions de plus cher. Il l'accepta sans doute ; la paix, la douce joie de mon enfant l'assuraient à mon cœur. Quelques heures après, une crise survint qui produisit un affaiblissement extrême, ses idées se brouillèrent, sa mémoire se perdit, son cœur seul avait conservé toute sa puissance. Le vendredi, après avoir passé quelques heures auprès d'elle, j'allais descendre.

— Déjà ? me dit-elle.

— Tu le sais, chère enfant, le devoir m'appelle.

— Oui, reprit-elle, toujours travailler, c'est votre partage, et moi qui devais vous aider, moi je vais bientôt...

— Tu m'aideras, mon enfant, interrompis-je.

— Oh ! il faudrait que mon cœur fût bien changé pour n'être pas tout à vous. Oui, quelque part que je sois, je vous aiderai... Vous prierez, vous ferez prier beaucoup pour que je ne reste pas longtemps en Purgatoire, n'est-ce pas ? ajouta-t-elle plus bas.

Je le lui promis et la quittai. Je ne pus remonter que plus tard ; ma bonne mère lui prodiguait ses soins. Le mal faisait d'effrayants progrès ; elle souffrait d'horribles douleurs dans tous ses os et ne pouvait changer de position. Sa patience ne se démentait point.

A genoux près de son lit, je cherchais à soutenir son courage.

— Chère enfant, lui dis-je, tu souffres beaucoup : tu ne souffres pas seule, tu le sais, ne souffrons pas en vain. Ce jour nous rappelle de si touchants souvenirs ! Disons au bon Dieu, à ce Dieu, qui sera notre récompense comme il fut notre Sauveur : Que votre volonté soit faite !

— Oui, mon Dieu, reprit-elle aussitôt en se soulevant avec force, non pas ma volonté, mais la vôtre, la vôtre toujours sainte, toujours juste ; ajoutez encore, si vous le voulez, à mes douleurs et à leur durée ; je ne vous demande qu'une seule chose, votre sainte grâce pour me conduire jusqu'à vous. Ainsi soit-il, ainsi soit-il, répéta-t-elle en me serrant les mains. Dites aussi, ma mère, dites ainsi soit-il.

Et je répétai avec elle ce vœu de son cœur. Oh ! combien de fois, dans ces heures cruelles, je me représentai la Mère du Sauveur au pied de la croix de son Fils ! O Marie ! que notre salut vous a coûté cher !

Cependant un affaissement total suivit ces crises violentes, la fièvre continuait et consumait lentement le peu de forces que la jeunesse opposait aux derniers assauts de la maladie. Dans son délire, cet ange de bonté s'occupait encore de ses amis et des malheureux. Lorsque la connaissance revenait, elle pressait sur ses lèvres, avec la ferveur la plus respectueuse, l'image du Sauveur crucifié. La fièvre baissa et, dans la faiblesse qui succéda, les facultés de ma pauvre enfant semblèrent se ranimer. Quand on lui parla de l'Extrême-Onction, elle n'exprima pas la moindre surprise, la moindre crainte. Que son âme parut calme et forte au moment suprême ! Elle se disposa pour le sacrement qui vient clore les portes de la vie, avec plus de tranquillité que d'autres ne se disposent à leurs actes ordinaires de religion. Elle suivit toutes les prières avec le plus parfait recueillement, présenta chacune de ses mains à l'Onction sainte, répondit avec fermeté à toutes les questions qui lui furent adressées, et continua de prier avec le plus angélique recueillement. Le prêtre qui l'avait administrée s'avança pour lui demander de dire un *Ave Maria* pour lui. Elle lui répondit par un doux sourire. Je m'approchai ensuite et lui demandai si elle désirait quelque chose, si

son cœur était consolé. Elle s'informa si ma
mère n'était point trop émue de la cérémonie,
s'il n'y avait pas à craindre pour elle.

— Non, ma fille, lui répondis-je.

— Eh bien, me dit-elle, embrassez-moi et
bénissons le Seigneur.

Ce furent ses derniers mots. Je l'embras-
sai, elle ferma les yeux et parut s'assoupir.
Cet état dura pendant les trente-six heures
qu'elle vécut encore. Le Seigneur, après
l'avoir éprouvée si longtemps par de cruelles
souffrances, endormit ses douleurs et adoucit
pour elle l'amer calice du dernier moment.
M. l'abbé Correur récita auprès d'elle les
prières consacrées par l'Eglise, en regrettant
qu'il n'y en eût point de particulières pour
recommander les anges de la terre aux anges
du Ciel. Enfin la respiration s'embarrassa,
une dernière crise eut lieu : l'aimable enfant
parut se réveiller un instant, ouvrit les yeux,
baisa le crucifix qu'on lui présenta et rendit
le dernier soupir, tandis que les assistants
récitaient autour de son lit les litanies de la
Sainte Vierge. Il était sept heures du soir,
lundi 30 mars 1835.

Je m'arrête, ma tâche est remplie. Je ne
dirai rien des regrets exprimés par nos enfants, qui commencèrent dès lors à l'invoquer
comme une protectrice. Je ne parlerai pas
des marques de sympathie que je reçus alors
et dont mon cœur pourtant gardera toujours
le plus reconnaissant souvenir. Ah ! la seule
consolation réelle, c'est la certitude de sa
félicité. Puisse ma résignation me conduire
enfin où l'a conduite son innocence !

La croix, la croix seule devait s'élever sur

sa tombe. Notre bon Père Correur voulut qu'on y traçât cette inscription :

> Enfants, séchez vos pleurs, ils seraient superflus,
> Le Ciel a vu sa foi, sa candeur, son courage ;
> Il a voulu, pour elle, abréger le voyage.
> Pour honorer sa tombe, imitez ses vertus ;
> Pauline nous attend où l'on ne pleure plus.

Malgré les admirables sentiments de foi de Melle Herbert et les consolations que lui donnait la mort si pieuse de Pauline, elle n'en avait pas moins été brisée par ce coup terrible qui lui enlevait ses plus chères espérances. Ses amies comprenaient l'étendue de sa peine et les marques de sympathie se multipliaient autour d'elle.

M. l'abbé Correur soutenait son courage en lui remettant souvent devant les yeux le bonheur dont jouissait sa fille adoptive, et l'assurance d'une protection puissante auprès de Dieu.

Pauline était la troisième personne qui mourait au pensionnat ; elle fut la dernière, et Melle Herbert attribuait à son intercession l'éloignement de cette grande épreuve toujours si redoutée.

Elle dut bientôt, du reste, imposer silence à sa douleur pour consoler son père et sa mère, profondément affligés de la mort de leur enfant d'adoption.

Ils étaient fortement attachés à leur nièce, qu'ils avaient élevée et qui avait pour eux la tendresse d'une fille. M. Herbert, âgé et déjà malade, ne put supporter cette séparation.

Plusieurs attaques de paralysie se succédèrent et mirent ses jours en danger. Melle Herbert comprit bien vite que Dieu allait lui demander un nouveau sacrifice ; elle voulut adoucir autant qu'il lui était possible les derniers jours de son père en lui consacrant tous les instants dont elle pouvait disposer. Il se ranimait à sa voix et retrouvait la force de lui adresser quelques paroles affectueuses. Il reçut avec une grande foi tous les secours de la religion, et dans le chagrin très vif qu'éprouva Melle Herbert au lit de mort de son père bien-aimé, elle eut encore, pour soutenir son courage, les divines espérances de l'éternelle réunion. Il la quitta le 7 novembre 1836

Les personnes qui ont connu Melle Herbert ont pu seules apprécier l'influence qu'elle exerçait autour d'elle et la vénération qu'elle inspirait à tous. Ses élèves avaient pour elle une sorte de culte ; il semblait à certaines d'entre elles, qui l'ont répété depuis, que leur chère maîtresse fût un ange descendu du Ciel pour les conduire et les diriger dans la voie du salut. Cependant elle était si pleine de bonté et de condescendance que l'on se sentait attiré vers elle.

Les petites de l'Espérance, pour lesquelles du reste elle avait une prédilection particulière, manifestaient la joie la plus vive lorsqu'elle venait les visiter pendant leur récréation ; elles l'entouraient, lui prenaient les mains, et quelquefois même lui sautaient au cou. C'est au milieu de ces marques d'affection tout enfantines que l'une d'elles lui dit en l'embrassant : « Vous êtes ma Bert, c'est à moi cette Bert !... » De toutes parts des exclamations retentirent en entendant cette naïve et touchante abréviation du nom de leur chère maîtresse. « C'est aussi notre Bert, c'est aussi notre Bert ! » s'écrient les enfants.

Du petit pensionnat, cette appellation, partie du cœur, passa au grand, et bientôt elle fut sur toutes les lèvres. Melle Herbert ne protesta point, elle l'accepta comme une marque de filiale affection. Pour toutes les élèves, ce nom de ma Bert était quelque chose d'analogue à celui de ma mère, que les jeunes filles élevées dans les communautés religieuses donnent à leur supérieure. Il s'est perpétué dans le pensionnat, et aujourd'hui encore les anciennes élèves de Melle Herbert se servent de ce terme affectueux lorsqu'elles parlent de leur chère et regrettée maîtresse.

Les vacances, beaucoup plus courtes à cette époque qu'elles ne le sont actuellement (elles ne commençaient jamais qu'après l'Assomption), n'étaient pas un temps de repos pour Melle Herbert. L'exposition des travaux de l'année, qui durait huit jours, attirait les parents des élèves et lui fournissait une occasion, qu'elle ne voulait pas perdre, de causer avec eux de leurs chères enfants. Elle ne quittait guère Amiens, excepté lorsqu'il y avait parmi ses anciennes élèves quelque grande douleur à consoler ; alors elle n'hésitait point et partait accompagnée de l'une de ses chères collaboratrices ; et sa présence était toujours regardée comme une bénédiction du Ciel. Elle surveillait les réparations, les embellissements qu'elle faisait faire à son établissement pendant l'absence des pensionnaires, puis s'occupait de préparer la rentrée. Elle examinait, combinait la manière dont serait composée chaque classe. Avec l'entière connaissance qu'elle avait de ses élèves, il lui était facile de faire ce travail, et d'apprécier en parfaite connaissance de cause quelles étaient celles qui devaient monter d'une division ou doubler la classe de l'année précédente. Leurs places mêmes

étaient fixées d'avance. Une élève qui avait
besoin d'être stimulée dans son travail était
près de sa maîtresse ; une autre, plus courageuse, mais disposée à la dissipation, était
entourée de deux compagnes sérieuses. Et
ainsi les jours s'écoulaient pour Melle Herbert, constamment occupée de ses enfants,
s'inquiétant de la manière dont elles passaient ces quelques semaines de plus grande
liberté, et heureuse lorsqu'elle recevait de
leurs nouvelles.

Je n'étonnerai personne en disant qu'elle
aspirait après le jour de la rentrée. Ses
enfants lui manquaient et ces classes vides,
ces salles de récréation, ces jardins où l'on
n'entendait plus les cris joyeux de toute
cette jeunesse aimée, lui paraissaient un
désert.

Par une attention délicate et vraiment maternelle, le jour de la rentrée, après la messe
du Saint-Esprit, nos maîtresses nous dic-
taient une poésie composée par Melle Herbert.
Les paroles avaient été adaptées à un air
connu, et, lorsque la correction grammaticale
en était achevée, nous apprenions ces couplets et nous les chantions avec un merveilleux entrain à la première distribution des
croix et rubans. Bien souvent, ensuite, on les
entendait pendant les récréations. Ils chas-
saient les quelques regrets, bien naturels du
reste, éprouvés par la séparation de nos parents. Le pensionnat était comparé tantôt à
une ruche, tantôt à un jeune troupeau ou
à une volière ; d'autres fois, c'était une prière
à Dieu, à la Sainte Vierge, à l'Ange Gardien.

Pendant tout le temps que Melle Herbert

a été à la tête de son pensionnat, il est deux choses qu'elle n'a jamais abandonnées à ses collaboratrices malgré toute l'affection et toute la confiance qu'elle leur témoignait : son cours quotidien d'instruction religieuse et sa classe.

Dans son cours d'instruction religieuse, elle était en rapport journalier avec toutes les élèves du grand pensionnat : et dans sa classe, se trouvaient groupées autour d'elles celles qui, arrivées au terme de leur éducation, allaient bientôt retourner dans leurs familles. Elle pouvait ainsi, tout en leur enseignant les sciences et les lettres, les initier par de sages et prudentes leçons, aux graves devoirs qu'elles auraient plus tard à remplir.

Lorsque, retournant en arrière, ses élèves se rappellent toutes les industries dont elle se servait pour imprimer dans leurs âmes les règles de conduite qui lui paraissaient les plus sages et les mieux appropriées à leur position, elles retrouvent dans leur mémoire les sujets de certaines compositions littéraires qu'elle leur avait données. Melle Herbert les traitait en même temps que nous, et, après nous les avoir fait lire à haute voix, elle nous dictait son propre travail. Nous recueillions alors ces sortes de petits traités faits pour nous dans un cahier spécial, que nous conservions ensuite comme un précieux trésor.

Pendant cette dernière année de séjour au pensionnat, notre chère maîtresse ne nous traitait plus en enfants, mais en jeunes filles. Elle causait avec nous et nous encourageait avec bonté à la questionner lorsque nous désirions quelques éclaircissements sur les sujets qui faisaient l'objet de ses leçons ; puis elle nous donnait des missions de confiance : d'aller remplacer une maîtresse souffrante, de consoler une élève attristée par la perte de sa mère ou de son père, de faire répéter le catéchisme aux enfants un peu en retard ; et nous étions toutes fières de mériter ces faveurs.

Melle Herbert ne considérait point sa mission comme terminée auprès de ses chères élèves lorsque, leur éducation achevée, elles quittaient le pensionnat. L'affection qu'elle leur portait était trop forte, trop maternelle pour qu'elle pût se désintéresser de tout ce qui les concernait ; et, de leur côté, ses enfants lui restaient trop attachées, leur reconnaissance envers elle était trop vive pour qu'elles n'eussent pas toujours un grand bonheur à la retrouver. C'est près d'elle qu'elles venaient chercher les conseils dont elles avaient besoin. C'était principalement les premières heures de l'après-midi que Melle Herbert consacrait à ses chères anciennes. Près de trois générations sont venues successivement dans ce petit salon à la porte duquel on attendait patiemment son tour et dont on sortait toujours éclairé, encouragé, consolé.

Les jeunes mères lui amenaient leurs enfants, et, en lui présentant leur petite fille : « Elle est à vous, c'est votre future élève, lui disaient-elles, bénissez-la. » Et Melle Herbert traçait une petite croix sur le front de l'enfant.

Que de douces gâteries pour celles un peu plus âgées qui arrivaient joyeuses dans son cabinet, lui tendant les bras et lui disant avec un gai sourire : « Bonjour, ma Bert ! » Il semblait que ces chères petites comprissent déjà les trésors d'affection que renfermait son cœur. Les bonbons, les images, les petits livres avaient bien aussi leur éloquence.

Les anciennes élèves de Melle Herbert n'habitaient pas toutes Amiens ; non seulement le département de la Somme, mais le Nord, le Pas-de-Calais, l'Oise, et même la Seine en comptaient un grand nombre. La correspondance était active entre elles et leur chère maîtresse, et la réponse tant désirée ne se faisait jamais attendre. Les conseils donnés par écrit, comme ceux donnés de vive voix, portaient d'heureux fruits, et Dieu seul connaît tout le bien qu'ils ont fait, toutes les peines qu'ils ont aidé à supporter.

Le pensionnat n'était point fermé du reste aux anciennes élèves ; Melle Herbert les attirait au contraire le plus qu'il lui était possible ; elles revenaient les jours de fête, où elles partageaient nos innocents plaisirs, et on en voyait souvent apparaître quelques-unes aux heures de récréation ; elles étaient heureuses de retrouver ainsi leurs maîtresses de classe et les jeunes compagnes qu'elles avaient connues. Restées pieuses et simples, leur contact ne pouvait être que profitable aux élèves.

Depuis le jour où, tout enfant, Melle Herbert avait été portée à l'église Saint-Jacques, alors que nos temples saints se rouvraient, elle avait manifesté une prédilection particulière pour sa paroisse et pour les offices qui s'y célébraient.

Lorsqu'elle eut à instruire et à former de jeunes âmes, elle voulut y imprimer profondément ce même amour de la paroisse qu'elle jugeait si nécessaire au développement de la vie chrétienne.

Elle se plaisait à nous expliquer l'admirable hiérarchie catholique. Au sommet de notre religion, nous disait-elle, est JÉSUS-CHRIST, fils éternel de DIEU, l'auteur et le consommateur de notre foi et de notre salut. Au-dessous de JÉSUS-CHRIST, en qualité de vicaire et de représentant souverain, le Pape, organe des volontés divines de JÉSUS-CHRIST qui décide, défend, commande et gouverne par cette bouche mortelle ; le Pape, chargé de paître les brebis et les agneaux, c'est-à-dire tout le troupeau, tous les hommes. Au-dessous du Pape, à côté de lui comme étaient les apôtres au Cénacle, avec lui et par lui, sous son immédiate autorité et sa suprême juridiction, les Evêques, ayant, eux aussi, la redoutable charge d'enseigner, de juger, de régir les fidèles ; de conduire dans les pâturages de la vérité et de la sainteté les diocèses dont ils sont les chefs. Puis, au-dessous des Evêques, comme coopérateurs et ministres de JÉSUS-CHRIST, d'autres pasteurs, les curés des paroisses, leurs collaborateurs, tous ceux qui ont reçu les pouvoirs divins et ont été légitimement envoyés pour être les dispensateurs des mystères, les distributeurs des grâces célestes.

Elle nous montrait la paroisse comme

une grande famille spirituelle dont les membres doivent se soutenir, s'édifier, s'aider les uns les autres ; et le curé, père de cette grande famille, comme ayant droit à notre respect, à notre obéissance, à notre filiale affection.

Notre chère maîtresse insistait surtout sur l'obligation où nous étions de donner le bon exemple dans nos paroisses par l'assistance régulière aux offices, par notre recueillement, notre piété et notre participation aux chants religieux ; de nous montrer pleines de zèle pour les œuvres paroissiales, congrégations, confréries. Ce sont des œuvres de famille, disait-elle, et elles doivent avoir nos préférences.

Toutes les élèves du pensionnat assistaient chaque dimanche aux offices de la paroisse. Le prône, la grand'messe, les vêpres, les sermons pendant les stations de l'Avent et du Carême étaient suivis avec une grande exactitude. Pour les sermons, notre place était dans la nef de la cathédrale, aux marches du chœur. En arrivant, la longue file des élèves, toujours accompagnées de Melle Herbert, se rangeaient sans bruit aux places qui leur étaient réservées, et je me rappelle ce détail qui me frappe à l'heure présente : pendant ce placement, qui durait quelques minutes, nous devions toujours être tournées du côté du chœur. « Le divin Maître est là, nous avait-elle dit, et lorsqu'on arrive en sa présence, il est dans l'ordre de ne regarder que Lui. Sans doute il est caché sous les voiles eucharistiques, mais la porte du tabernacle n'empêche pas son œil divin de se fixer sur vous et de constater si votre attitude est modeste et respectueuse, si votre pensée le cherche et si votre cœur l'aime. »

Lorsque les instructions du prône qui précédaient la grand'messe étaient terminées, les rangs se reformaient et nous allions prendre d'autres places au pourtour du chœur, devant la chapelle de Notre-Dame de Pitié. C'est de là que nous entendions la grand'messe et que nous assistions aux vêpres les jours où il n'y avait pas de sermon.

Entendre la sainte Messe, cela ne consistait pas pour Melle Herbert dans la lecture de quelques prières, mais dans une attention soutenue, dans une union de cœur aux diverses cérémonies qui se faisaient à l'autel pendant que le Saint Sacrifice y était offert. Nous avions toutes des paroissiens, dans lesquels nous pouvions suivre les offices de chaque dimanche. Nous étions exercées au pensionnat au chant liturgique, et nos voix s'unissaient à celles des fidèles dans toutes les parties de l'office qui leur sont réservées ; je me souviens encore de l'ensemble, je pourrais dire de l'ardeur avec laquelle étaient chantés le *Kyrie,* le *Gloria,* le *Credo,* le *Sanctus.* « C'est un bel acte de foi, disait l'un des chanoines de Notre-Dame, que les accents de ces cent jeunes filles entourant l'autel de Marie. » Chaque parole des offices de l'Eglise nous avait été expliquée par notre maîtresse avec une précision et une clarté telles que nous restions frappées de toute la beauté du culte extérieur. Pour nous, le temps passait vite à l'église. Aux vêpres, aux complies nous étions encore pleines d'ardeur, et les plus jeunes élèves elles-mêmes suivaient exactement le chant des psaumes.

Melle Herbert était heureuse de voir notre empressement pour les offices de la paroisse. « Soyez toujours ainsi, nous disait-elle, et quand vous retournerez dans vos familles, préférez l'église de votre paroisse aux chapelles dans lesquelles vous pourriez peut-être entendre des chants plus mélodieux, trouver une température moins froide, une société plus choisie, mais où ne serait point pour vous les grâces de salut, les bénédictions particulières que Dieu vous tient en réserve dans votre famille spirituelle. »

Les cérémonies de certaines fêtes nous retrouvaient toutes à la cathédrale, heureuses d'y participer. Les processions faisaient notre joie et une joie toute chrétienne. Celle du Saint-Sacrement était quelquefois pour nous l'occasion de travaux très aimés. Lorsqu'elle passait par la rue de l'Oratoire, où était situé le pensionnat, Melle Herbert tenait à honneur de faire élever un reposoir. « Quelle bénédiction pour notre maison, disait-elle, de recevoir ainsi la visite de Notre-Seigneur ! » et elle nous rappelait alors comment Jésus, pendant son séjour sur la terre, avait porté des grâces abondantes dans toutes les demeures qu'il avait daigné honorer de sa présence, jusqu'à y ressusciter des morts.

La cour du pensionnat était du reste parfaitement disposée pour y élever un reposoir. Carrée, vaste, entourée de bâtiments, elle se prêtait bien à de gracieuses décorations. De belles tentures étaient suspendues au pourtour ; l'autel, placé dans le fond, était souvent tout en verdure. Melle Herbert, qui avait beaucoup de goût, dirigeait les travaux avec bonheur ; elle voulait que tout fût beau pour recevoir Notre-Seigneur, et elle avait su nous inspirer les mêmes sentiments. Longtemps à l'avance, nous réclamions l'honneur de travailler pour le reposoir. Les plus jeunes élèves préparaient la mousse dont les grandes faisaient des guirlandes et des tapis. Une année on s'aperçut, au dernier moment, que les fleurs naturelles manquaient. On s'en désolait lorsque tout à coup une élève eut une idée lumineuse. On avait alors comme uniforme quelques roses mêlées aux rubans sur les chapeaux : elle proposa de les donner pour le reposoir. Il n'y eut pas une minute d'hésitation, et, quelques instants après, toutes les fleurs de nos chapeaux ornaient l'autel où Jésus devait s'arrêter. Les élèves, revêtues de vêtements blancs, entouraient le reposoir ; les enfants de la première Communion brûlaient de l'encens dans des cassolettes, les petites jetaient des fleurs, les grandes unissaient leurs voix dans des chants harmonieux.

La pensée que Jésus était là au milieu de nous, qu'il y était venu pour nous bénir, nous causait une vive et douce impression qui demeurait longtemps dans nos âmes.

Après la procession du Saint-Sacrement, venait celle de Notre-Dame de Bon-Secours où nous avions la consolation d'entourer l'image de notre Mère du Ciel. Les plus grandes d'entre nous, les plus sages avaient l'insigne honneur de tenir les cordons de la statue et des bannières de la Sainte Vierge, et il nous semblait qu'en suivant cette bonne Mère, elle allait nous conduire au Ciel, le royaume de son Fils. A cette procession, qui avait lieu le second dimanche de juillet, se rattache un souvenir touchant. Nous étions toutes ce jour-là habillées en blanc et, avant d'entrer à la cathédrale, nous nous rangions dans l'une des salles de l'évêché. Là, Melle Herbert plaçait nos voiles sur nos têtes. Elle tenait beaucoup à *voiler* elle-même ses chères filles. Lorsqu'elle arrivait aux plus grandes, à celles qui, quelques semaines plus tard, devaient quitter le pensionnat pour retourner dans leurs familles, une émotion profonde s'emparait de la maîtresse et de l'élève, quelques paroles affectueuses, un dernier conseil qui était comme le résumé de tous ceux donnés précédemment, s'imprimaient fortement dans nos âmes et rendaient cette date inoubliable.

Les quelques semaines qui s'écoulaient entre cette dernière procession et le jour des prix, avaient une teinte de tristesse pour celles de nos compagnes qui allaient quitter le pensionnat. Sans doute elles étaient heureuses de retourner au milieu de leurs familles, mais les relations si douces qui avaient existé pendant plusieurs années entre maîtresse et élèves, ne pouvaient se terminer sans un véritable déchirement de cœur. Nous aimions notre *Ile Joyeuse*, et plus d'une parmi nous eût voulu y prolonger longtemps son séjour.

Melle Herbert profitait de ces dernières semaines pour nous adresser des conseils, des exhortations plus pressantes. Nous allions

rentrer dans le monde ; elle ne nous en faisait point un tableau de nature à nous
effrayer, mais elle nous prévenait des dangers que nous pourrions y rencontrer ; elle
nous prémunissait contre la vie frivole et
inutile qu'y mènent quelques jeunes filles.
Nos devoirs, ainsi que nous l'avons vu, nous
avaient été présentés, développés par elle
pendant le cours de cette dernière année de
pension ; notre chère maîtresse nous les
résumait alors avec des termes très clairs,
très précis ; il semblait qu'elle voulût les
graver dans notre esprit en traits ineffaçables avant le moment de la séparation.
Elle nous rappelait nos devoirs religieux,
avec lesquels il n'est jamais permis de tran-
siger : « Il ne faut pas les confondre, nous
disait-elle, avec les pratiques de piété, si
bonnes, si excellentes en elles-mêmes, mais
qui doivent être quelquefois sacrifiées aux
exigences de la charité ; à nos devoirs envers
notre famille : « Soyez pour vos parents
pleines de respect et d'affection, entourez-les
de soins, d'attentions ; allez au-devant de
leurs désirs et que votre filiale soumission
soit de tous les instants. Je ne puis vous indiquer, ajoutait-elle, quelles doivent être vos
occupations, mais il est une règle sûre qu'il
ne faut pas oublier : Faites ce que font vos
mères ; livrez-vous aux mêmes occupations
qu'elles ; ne pensez pas que l'instruction
qu'elles vous ont fait donner et qu'elles n'ont
peut-être pas reçue elles-mêmes, vous dispense de les aider dans leurs travaux. Une
jeune fille se fait toujours estimer quand elle
accomplit son devoir. »

L'une de ses recommandations les plus instantes était de conserver toujours cette modestie, cette humilité qui doivent être l'apanage des jeunes filles et même des mères chrétiennes. Nous savons comment elle tenait à ce que l'éducation de ses élèves fût solide et complète, mais combien souvent elle nous répétait : « Une femme ne doit jamais paraître savante. Il est bon qu'elle ait des connaissances pour s'en servir à propos mais toujours avec modestie. N'entrez jamais, nous disait-elle encore, dans des discussions religieuses, à moins que vous ne soyez attaquées directement ; et alors implorez les lumières d'En-Haut et répondez selon vos convictions, sans rougir de votre foi. Vous triompherez plus sûrement si votre conduite est en rapport avec les principes que vous professez. »

Ses conseils étaient écoutés, et l'une de ses grandes consolations fut de voir ses élèves se montrer de sérieuses chrétiennes, portant ce cachet particulier d'esprit de foi qu'elle avait imprimé dans leurs âmes. Un missionnaire, qui venait d'évangéliser plusieurs paroisses du diocèse, lui ayant amené sa nièce, elle fut tout d'abord un peu étonnée du choix de sa maison, qui éloignait l'enfant de sa famille. « Je viens de faire plusieurs missions dans votre diocèse, lui dit-il ; toutes les fois qu'ayant remarqué dans l'auditoire des jeunes personnes plus recueillies dans le lieu saint, plus attentives à la parole de Dieu, je demandais à leur pasteur où elles avaient été élevées, la réponse était toujours la même : Chez Melle Herbert. C'est ce qui m'a déterminé à vous amener ma nièce. »

Cette tenue particulièrement respectueuse et recueillie à l'église ne se remarquait pas seulement dans les anciennes élèves sorties du pensionnat ; les plus jeunes avaient la même attitude. C'est ainsi qu'après une retraite préparatoire à la première Communion, le Père de la Compagnie de Jésus qui l'avait prêchée, vint trouver Melle Herbert pour lui dire combien il était édifié du recueillement de ses enfants.

Melle Herbert était loin de se prévaloir de ces louanges si méritées, mais elles étaient pour elle un précieux encouragement. Ainsi en fut-il d'un incident qu'elle aimait plus tard à se rappeler. Un soir, à une heure déjà avancée, la portière vint lui dire qu'une jeune femme, certainement une grande dame, ajouta-t-elle, désirait lui parler et refusait de se nommer. Melle Herbert se rend aussitôt dans son cabinet et la tardive visiteuse y est introduite. Elle se jette à son cou : « Me reconnaissez-vous ? » lui demanda-t-elle. Et sur la réponse affirmative, elle ajouta : « Je suis venue dans le Nord et j'ai fait un long détour pour vous dire de ne jamais vous décourager quand vous auriez une mauvaise tête à conduire. Vous savez si je l'ai été, eh bien ! vos leçons n'ont pas été perdues ; les conseils que vous m'avez donnés sont la règle de ma conduite, et mon mari pourrait vous dire si je suis maintenant une femme sérieuse et raisonnable. »

Dans les premières années, le pensionnat n'avait pas eu d'uniforme. Cela n'était point alors passé dans les habitudes ; mais Melle Herbert n'avait pas tardé à voir les inconvénients de cette liberté laissée aux parents au point de vue de l'habillement des élèves. Il existait nécessairement entre les familles des différences de situation et de fortune qui ne pouvaient manquer d'apparaître dans la mise des enfants ; de là des humiliations pour quelques-unes, des tentations de vanité et d'amour-propre pour les autres, inconvénients que supprimait l'uniforme donné à toutes. Avec les idées pleines de sagesse et de prudence de Melle Herbert, cet uniforme devait nécessairement être fort simple, et c'est ainsi qu'il fut choisi. Aujourd'hui, dans les pensionnats, on a adopté, comme dans les communautés, la robe noire pour les élèves. A l'époque dont nous parlons, cela n'eût pas été admis, et notre uniforme d'alors paraîtrait bien étrange aujourd'hui. Nous avions pour l'hiver des robes en mérinos grenat foncé et des manteaux d'un vert également foncé, garnis de velours de la même teinte ; un chapeau en peluche noire garni intérieurement de petits rubans roses. Melle Herbert trouvait que cette couleur rose allait bien à la jeunesse. Pour l'été, nous portions des robes en mousseline de laine fond vert pâle avec de gros pois de la même couleur mais plus foncés, un camail ou pèlerine en soie noire, un chapeau en paille orné de rubans blancs et au-dessous de petites fleurs roses. Aux jours de grande fête, nos robes vertes étaient remplacées par des robes blanches. Nos ombrelles étaient bleues. Pour les promenades dans la semaine, nos robes étaient en percale mauve chinée. Vous voyez que la variété des couleurs ne manquait pas. Lorsque le pensionnat était au complet, l'uniforme produisait le meilleur effet. Quant à nos maîtresses, elles n'avaient point, bien entendu, de règle à ce sujet, mais elles étaient toujours très soignées quoique fort simples, avec un petit extra pour les grandes cérémonies religieuses. Melle Herbert voulait que la joie des belles fêtes de l'Eglise se manifestât même à l'extérieur. Elle en donnait du reste l'exemple. Elle avait adopté, pour l'intérieur, ce qu'elle appelait un *costume définitif*. Une robe de laine brune sans aucune garniture, le corsage croisé, les manches de moyenne grandeur et terminées par un plissé en étoffe pareille. Une pèlerine noire descendant jusqu'à la taille ; un bonnet en mousseline blanche, garni d'un haut plissé en dentelle, et une petite croix en or complétaient ce costume quelque peu monastique. Mais les jours de fête, notre maîtresse nous apparaissait, pour aller aux offices, avec une robe de soie de couleur foncée, un beau cachemire et un chapeau de fine paille d'Italie orné de rubans de même teinte.

MADEMOISELLE HERBERT cherchait en toutes choses à suivre les indications de la Providence ; elle crut en voir une dans la proposition qui lui fut faite d'acquérir la propriété de la maison qu'elle occupait jusque-là à titre de locataire ; elle l'accepta, y trouvant la possibilité de réaliser plusieurs améliorations que réclamait le nombre toujours croissant de ses élèves.

A la fin de l'année scolaire de 1838, on s'aperçut que l'une des poutres du réfectoire paraissait fléchir. Il fallait donc en toute hâte prévenir les accidents qui auraient pu se produire, et aussitôt les vacances arrivées, Melle Herbert fit commencer les travaux, qui furent poussés avec une très grande activité. Le réfectoire était une vaste pièce sans étage ; il fut relevé de façon à avoir au-dessus de lui un local de mêmes dimensions. On pensait que l'intention de Melle Herbert était de l'affecter à un nouveau dortoir, mais il n'en était rien ; elle nourrissait depuis longtemps déjà le désir d'avoir une chapelle où pourraient se faire les exercices religieux, et ce désir allait être accompli. Elle n'avait fait part de son projet à personne, elle connaissait ses enfants, elle savait que l'érection de cette chapelle les rendrait très heureuses et elle voulait leur en causer la surprise.

A la rentrée des vacances, les travaux ex-

MGR JEAN-MARIE MIOLAND.

(VOIR PAGE 168.)

Né à Lyon le 26 octobre 1788 ; préconisé évêque d'Amiens le 14 février 1838 ; consacré à Lyon le 22 avril 1838 ; nommé coadjuteur de Toulouse le 2 avril 1849 : mourut archevêque de cette ville le 15 juillet 1859 ; enterré dans la cathédrale de Toulouse.

M. L'ABBÉ THIBAUD,

(VOIR PAGE 120.)

Proviseur du collège d'Amiens en 1805.
Inspecteur général des études.
Mort à Paris à la Sorbonne en 1828.

térieurs étaient terminés, mais il fallut encore plusieurs mois pour leur achèvement complet.

Les élèves allaient chaque jour, sous la conduite de Melle Herbert et des sous-maîtresses, assister à la sainte Messe chez les dames Clarisses, qui étaient peu éloignées du pensionnat.

L'hiver, cette sortie matinale pouvait avoir quelques inconvénients pour elles, et à ce point de vue encore un sanctuaire intérieur offrait de grands avantages. Quant au chapelain, il était tout indiqué : le vénéré directeur de la maison, M. l'abbé Correur, dont la santé laissait à désirer depuis quelque temps, pourrait célébrer le Saint Sacrifice dans ce nouvel oratoire, et ce serait pour lui une grande joie de se retrouver au milieu de ses enfants.

Les permissions nécessaires à ce sujet avaient été facilement accordées par l'autorité ecclésiastique.

La fête de Noël approchait. Les élèves avaient sollicité de Melle Herbert la permission d'assister à la Messe de minuit chez les dames Clarisses. « Il me faudrait, leur répondit-elle, une grande sagesse de votre part pour vous accorder la faveur de fêter ainsi la naissance du Sauveur. »

Cependant les travaux de la chapelle se terminaient dans un grand mystère.

Le 24 décembre, Melle Herbert vint le soir, comme elle en avait l'habitude, préparer ses chères enfants à la solennité du lendemain. Son émotion était très grande. Le sujet fournissait déjà par lui-même matière à de bien touchants développements, et jamais elle n'avait été aussi éloquente. Les élèves l'écoutaient avec une attention croissante.

Tout à coup, prenant le texte de l'Evangile, « Je viens, leur dit-elle, vous annoncer une nouvelle qui sera pour vous le sujet d'une grande joie : c'est que cette nuit même vous recevrez le Sauveur. »

Un cri de reconnaissance partit de toutes les bouches. « Merci, oh ! merci, ma Bert ! » s'écriait-on, croyant encore qu'il n'était question que de la Messe de minuit aux Saintes-Claires. Lorsque le silence fut rétabli, Melle Herbert ajouta : « Oui, mes enfants, vous recevrez votre Sauveur, et il viendra parmi vous dans notre demeure. »

Les élèves se regardèrent sans comprendre ce que signifiaient ces paroles. Lorsqu'après une nouvelle assurance et quelques explications, la lumière se fut faite sur le grand événement qui se préparait, une explosion de bonheur éclata. Toutes exprimaient leur surprise, leur joie avec un élan qui prouva à leur maîtresse qu'elle ne s'était pas trompée sur les sentiments de foi qui animaient ses enfants.

Les demi-pensionnaires demandèrent et obtinrent la faveur d'assister aussi à la Messe de minuit, et les quelques heures qui s'écoulèrent encore jusqu'au moment où l'on put se rendre à la chapelle, parurent bien longues aux élèves.

Enfin, à onze heures et demie la bénédiction en fut faite en présence de quelques témoins seulement, puis les objets destinés à son ornementation, et qui n'avaient pu être placés avant la bénédiction, furent confiés aux élèves, qui se dirigèrent avec un grand empressement vers le nouveau sanctuaire. Le Saint Sacrifice fut célébré au milieu de l'émotion générale, et jamais communion plus fervente ne marqua cette nuit solennelle, dont le souvenir fut conservé avec une vive reconnaissance. Le bonheur de Melle Herbert était inexprimable ; des larmes de joie couvraient son visage. Elle était heureuse non seulement de son bonheur, mais de celui de ses chères enfants.

Quelques jours plus tard, M. l'abbé Voclin, vicaire général, vint visiter le nouveau sanctuaire, et après en avoir fait l'examen, il se tourna vers Melle Herbert et lui dit avec cette touchante bonté qui le caractérisait : « Vous ferez faire un petit tabernacle et vous y garderez Notre-Seigneur. »

Notre chère Maîtresse ne sollicitait pas une si grande faveur, elle s'en croyait indigne ; mais elle la reçut avec un ineffable bonheur. Sa foi si vive et son si ardent amour de Dieu lui en faisaient comprendre tout le prix. Elle communiait chaque matin à la Messe célébrée par M. l'abbé Correur, et plus d'une fois dans la journée elle revenait épancher son âme au pied de Celui qui veut bien habiter parmi nous ; elle lui exposait avec une filiale confiance les difficultés qu'elle pouvait rencontrer dans l'accomplissement de sa tâche, lui demandait ses lumières, lui parlait de ses enfants, sollicitant pour elles les grâces dont elles avaient besoin ; là, disait-elle, elle oubliait ses peines et ses fatigues. Les élèves allaient chaque jour aussi faire leur visite au

Saint-Sacrement, et à partir de ce moment on put constater leurs progrès très sensibles dans la piété et dans l'exercice des vertus chrétiennes. Elles réclamèrent l'honneur de s'occuper de l'entretien de la chapelle, voulant être les petites servantes du divin Hôte.

Chaque jour, pendant la récréation qui suivait le dîner, à tour de rôle, trois des rubans de sagesse de la Persévérance allaient balayer, épousseter, ranger la chapelle, et elles remplissaient ce pieux office avec un zèle et un bonheur qui ne s'est jamais démenti un instant. Quand tout était en ordre, on restait en adoration jusqu'au moment où la cloche indiquait la rentrée en classe. Un jour où trois de ces heureuses élèves sortaient de la chapelle, elles rencontrèrent Melle Herbert.

— Il me semble, leur dit-elle, que vous prolongez un peu votre travail aujourd'hui.

Et comme elles souriaient sans répondre.

— Oui, je comprends, après le travail pour le divin Maître, le repos à ses pieds ; il est bien doux, n'est-ce pas ?

— Oh ! très doux, répondirent-elles, mais trop court.

Les anciennes élèves, en apprenant la grande faveur qui avait été accordée à leurs jeunes sœurs, voulurent être représentées dans le cher sanctuaire, où elles aimaient à venir prier aussi, et demandèrent à concourir à son ornementation ; cette pieuse pensée toucha profondément Melle Herbert.

Cette faveur tout exceptionnelle, accordée à son pensionnat, avait étonné quelques esprits chagrins, qui allèrent jusqu'à réclamer contre elle auprès de Mgr Mioland, qui venait d'arriver à Amiens. Melle Herbert ignorait cette sourde opposition, lorsque Monseigneur vint au pensionnat pour y faire sa première visite. Après qu'il eut vu et béni les élèves, elle lui proposa de visiter le petit sanctuaire qui était si cher à son cœur. Il y pria quelques instants, et lorsqu'il eut jeté un rapide coup d'œil autour de la chapelle, s'adressant à son vicaire général : « Que veut-on dire ? » lui demanda-t-il. Puis, se tournant vers Melle Herbert : « Ne vous inquiétez pas, vous conserverez votre précieux trésor. » Ce ne fut qu'après le départ de Monseigneur qu'elle apprit la démarche malveillante qui avait été faite auprès de Sa Grandeur, et elle lui fut doublement reconnaissante de sa touchante bonté.

Chaque année, Mgr Mioland voulait bien donner des récompenses, qui étaient réservées pour le jour où il daignait visiter cette petite partie de son troupeau ; il recevait les hommages qui lui étaient offerts avec une grande bienveillance. Il avait une estime profonde pour Melle Herbert et il ne manquait aucune occasion de faire son éloge, disant qu'il n'avait jamais rencontré de personne mieux douée qu'elle de toutes les qualités qui font l'institutrice chrétienne.

Chaque année une retraite venait ranimer la ferveur des élèves, et le vénéré directeur, M. l'abbé Correur, avait trouvé que nulle mieux que Melle Herbert ne pouvait en donner les exercices. Bien des fois il avait été à même de juger de l'utilité et des fruits de ses instructions.

Ces retraites, auxquelles étaient conviées

les anciennes élèves, produisaient sur nous
une grande impression. Le plan différait
chaque année, mais il ramenait toujours les
grandes vérités, et ce sont bien elles dont la
méditation est propre à nous faire rentrer
en nous-même. Certaines instructions sur la
mort, sur le jugement, sont restées dans nos
mémoires, et lorsque nous nous retrouvons
plusieurs compagnes d'études ensemble, nous
nous les rappelons comme si elles dataient
d'hier, tant elles nous avaient frappées. Puis,
certains événements venaient parfois donner
à ses paroles une sorte de sanction qui nous
impressionnait vivement. Pendant les retraites, notre chère Maîtresse aimait aux heures
de liberté à venir causer avec nous. Un jour
qu'elle nous demandait ce que nous désirions pour notre avenir, nous lui dîmes chacune nos projets. Céleste, l'une des retrai-
tantes aussi, restait silencieuse. Pressée de
répondre : « Oh ! pour moi, dit-elle, je ne
cherche pas ce que je ferai, je m'en remets à
la volonté de Dieu et je veux tout ce qu'il
voudra de moi. »

Quelques semaines plus tard, Céleste, dont
l'âme répondait bien à son beau nom, était
retournée dans sa famille pour y passer le
temps des vacances. Un matin, pendant
qu'elle faisait une pieuse lecture, elle fut
prise d'un malaise subit, et quelques minutes
après elle acceptait la volonté de Dieu qui
l'appelait à lui.

La nouvelle de cette mort si prompte, si
inattendue, nous frappa de stupeur et, rap-
prochant ce triste événement de la réponse
qu'elle faisait quelque temps auparavant, il

nous semblait qu'elle avait été inspirée par le divin Maître, qui dès cette époque l'avait marquée pour être l'une des vierges fidèles qui entourent son trône.

A côté des grandes vérités, notre chère Maîtresse, pendant ces jours où nous écoutions ses enseignements dans un recueillement profond, traitait des sujets essentiellement pratiques que nous consignions dans nos cahiers de retraite. L'instruction sur la piété, que j'ai sous les yeux, résume si bien sa manière de voir sur ce sujet si important de la vie chrétienne, que j'aime à la citer ici.

« La piété, disait-elle, est ce sentiment vif et profond des droits de Dieu qui incline notre cœur à remplir avec zèle tous nos devoirs envers lui. On dit d'un homme qu'il est *religieux* quand il croit sincèrement les dogmes de la foi et qu'il s'assujettit aux actes essentiels qu'elle impose. Il est *pieux* quand il embrasse avec amour tous les moyens de glorifier Dieu.

» La piété produit nécessairement la dévotion, mais il est trop vrai que la dévotion peut se trouver où n'existe pas la piété.

» Nous ne parlons pas ici de la hideuse hypocrisie, c'est bien assez d'avoir à signaler l'existence d'une certaine dévotion qui, mettant, bien que de bonne foi, sa confiance dans des œuvres purement extérieures, n'est en réalité qu'un corps sans âme, puisqu'elle est dépourvue de la piété intérieure, qui doit être sa vie. Une telle dévotion n'est que vanité, et vanité non moins vaine que celle qui séduit les enfants du siècle. Elle est même plus dangereuse encore, parce qu'elle est plus difficile à guérir. En effet, dans cet état, on déplore l'aveuglement des mondains ; on se tient assurée de faire partie du peuple élu, de la nation sainte ; on est de toutes les confréries, on a des amies dans toutes les communautés, on achète toutes les *nouveautés pieuses* ; on est initiée à toutes les pratiques, affiliée à toutes les indulgences. Les confessions et les communions sont fréquentes, les vêtements modestes, les aumônes édifiantes. On se croit pieuse. Pourquoi non ? que manque-t-il à ce tableau ? La chose essentielle : la *Piété*. La piété qui, du cœur où elle doit régner, anime et vivifie la conduite entière. « Ceux qui me disent Seigneur, Seigneur, n'entreront pas pour cela dans le royaume des cieux, mais celui-là seulement y entrera qui fait la volonté de mon Père qui est dans les cieux. » Or, la volonté du Père est que nous vivions en ce monde avec *tempérance, justice* et *piété*.

» Mais enfin à quelles marques peut-on connaître si la piété anime ou non les actes de notre dévotion ?

» Les voici : La piété est *simple*. Cette vertu céleste ne saurait perdre de vue son origine ; aussi son regard est-il recueilli en Dieu seul ; et loin de rechercher l'estime et les louanges des hommes, elle ne se doute pas qu'elle puisse être remarquée. On peut dire d'elle comme on dit de la modestie : Elle s'ignore. Un instinct délicat la guide sûrement en toutes choses ; elle évite le mal presque sans l'avoir vu ; elle s'accommode de ce qu'il y a de plus bas et de plus humble, le rehausse par la perfection qu'elle met à l'accomplir et se tient toujours à l'abri de l'extraordinaire et du singulier.

» La piété est *sage*. Amie constante de l'ordre, elle l'établit et le maintient en tout, sans rigidité comme sans faiblesse. A ses yeux, le précepte l'emporte toujours sur le conseil ; aussi l'obéissance et la charité sont-elles ses plus chers appuis. Conserver une conscience pure devant Dieu, accomplir avec soin les devoirs de sa position et n'embrasser des pratiques de la dévotion que celles qui se concilient avec son état, se tenant à l'abri d'un entraînement irréfléchi, telle est sa règle invariable.

» La piété est *bienveillante*. Née de l'amour, elle se donne et se dépense volontiers par amour. Mais c'est surtout dans la vie de famille, dans ces relations intimes, liens sacrés formés par la Providence, qu'elle répand tous les charmes d'une âme tendre et dévouée. Toujours contente de la part qui lui est faite, et bien qu'elle porte profondément en elle le sentiment de la justice, il y est accompagné de l'indulgence. Si elle est obligée de réprouver le mal, elle demeure, à l'exemple de Dieu même, pleine de tendresse et de compassion pour le pécheur.

» La dévotion qui réunit ces caractères est une véritable dévotion, et la personne qui y conforme sa conduite est une personne vraiment *pieuse*.

» Pieuse ! c'est-à-dire qu'elle ne vit pas pour elle, elle vit pour Dieu ; elle ne vit plus en elle, elle vit en Jésus-Christ, ou plutôt Jésus-Christ vit en elle. C'est là le tout de l'homme, c'est là la *piété*. »

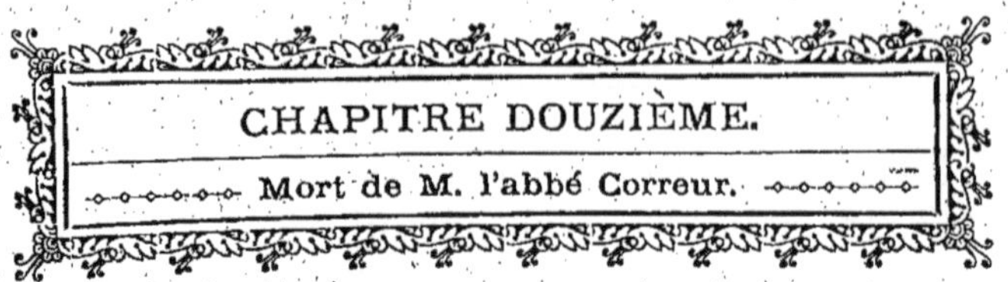

MADEMOISELLE HERBERT était arrivée à l'époque de sa vie certainement la plus heureuse. Ses élèves, devenues fort nombreuses, répondaient à ses soins avec une respectueuse et filiale affection. Elle en était à la seconde génération d'enfants et elle pouvait juger des fruits de bénédiction par lesquels DIEU récompensait son généreux dévouement. Les jeunes mères de famille se montraient des femmes éminemment chrétiennes et, comme nous l'avons vu, elle n'était pas la seule à le constater. Elle avait triomphé de bien des difficultés, et maintenant il semblait qu'elle n'eût plus qu'à jouir du résultat de ses travaux. Mais, hélas! la terre n'est pas une demeure permanente et nous ne pouvons y espérer un bonheur durable.

Nous avons déjà parlé de la grande faveur que DIEU avait accordée au pensionnat de Melle Herbert en lui donnant, pour former et diriger la conscience des élèves, un prêtre éminent par sa sainteté, par son intelligence hors ligne, par la droiture et la sûreté de son jugement, et surtout par sa charité et une bonté toute paternelle.

M. l'abbé Correur était non seulement prêtre, mais encore religieux, et son plan invariable de vie avait été établi sur ces deux titres sacrés. La retraite, la prière, l'étude des Livres saints, l'assistance au chœur, la direction des âmes, voilà ce qui absorbait ses longues journées, car alors, et jusque dans un âge fort avancé, il ne donnait que six heures au sommeil. Ses seules récréations étaient, à certains jours de la semaine, une promenade dans la campagne ; il s'y faisait accompagner de ses auteurs chéris, à qui toutefois il n'accordait que des audiences réglées. Horace avait souvent la préférence, et l'un de ses amis s'étonnant un jour de lui voir emporter un volume en caractères très fins et pouvant se lire difficilement pendant la marche, il répondit en souriant : « La mémoire lit plus que les yeux. » Il était en effet très familier avec les poètes grecs et latins, et sa mémoire pouvait être comparée à une riche bibliothèque.

Ce vénérable ecclésiastique, si avare de son temps, en trouva toujours pour former, encourager et même récréer les élèves dont il avait accepté la direction. « C'est ici mon parterre, disait-il souvent, et c'est ici que mes yeux aiment à se reposer. Ailleurs, je trouve des fruits de vertu mûris par les ans et la pratique de la pénitence, ici c'est la douce espérance. » Cette paternelle bonté était payée d'un juste retour par ses chères enfants, et je ne saurais dire quel sentiment l'emportait dans leurs âmes, ou de la vénération que commandait tant de vertu, ou de la reconnaissance qu'inspirait tant de dévouement.

Après leur sortie de pension, les élèves de Melle Herbert étaient heureuses de conserver la précieuse direction de M. l'abbé Correur. Il les suivait avec le plus vif intérêt. A l'époque où nous en sommes de ce récit, il avait depuis longtemps déjà renoncé à bénir leur

union au pied des autels. S'il eut la consolation de fiancer au Seigneur des épouses
dignement préparées, *petite, mais heureuse
partie de son troupeau,* il eut celle plus
grande encore de les voir toutes persévérer
dans leur vocation, et former par leurs vertus les plus beaux fleurons de sa couronne.

Le soin qu'il donnait à ses filles aînées ne
prenait jamais sur celui qu'il accordait aux
plus jeunes enfants. Quand il se trouvait au milieu d'elles, on pouvait croire qu'il n'avait rien
autre chose à penser. Plusieurs fois des ecclésiastiques distingués des diocèses voisins
s'étonnèrent de ce qu'un prêtre de sa valeur
s'était chargé d'une mission que d'autres yeux
que les siens auraient jugée bien au-dessous
de lui ; mais en se livrant avec un zèle si
constant à l'éducation des enfants, il était
fidèle à son principe : que c'était par l'éducation seule qu'on pouvait sauver la société.
Aussi, comme il était éloquent lorsqu'il entretenait Melle Herbert de la sainteté et de
l'importance de ses devoirs ! Quand elle lui
apprenait les efforts heureux de quelqu'une
de ses élèves, le progrès de telle autre dans
la piété, sa joie et même son attendrissement
étaient inexprimables. « O ma fille, lui disait-
il, réjouissons-nous. Quel bonheur de penser
que longtemps après que nous serons retour-
nés en poussière, le bien que le Seigneur
aura daigné faire par nous subsistera pour sa
gloire ! Vous semez péniblement, mais vous
moissonnerez dans l'allégresse.. »

En 1837, la santé du vénérable abbé Correur se trouva tout à coup fortement ébranlée, et alors commença pour lui une vie de

souffrances, source de nouveaux mérites, et pour ceux qui l'entouraient, de leçons et d'exemples touchants. Quelque indisposé qu'il fût durant les trois dernières années de sa longue carrière, ses habitudes restèrent les mêmes. Son lever ne fut pas différé, ses prières et tous ses exercices de piété furent remplis avec une exactitude et une ferveur qu'on eût admirées plus encore si l'on avait su combien il souffrait. Ce n'était plus que vers le soir, et pour quelques instants fort courts, que la lecture de ses auteurs favoris venait le récréer et le distraire. L'état de sa poitrine épuisée lui interdisait les visites, mais son goût pour la retraite et le silence l'empêchait de sentir cette privation. Il acceptait les soins dont on l'entourait et il en manifestait sa reconnaissance, ce qui ne l'empêchait pas de dire que la plus grande de ses souffrances, ou plutôt la seule pour lui, c'était de voir la peine et la fatigue qu'il occasionnait. Il refusait les adoucissements que l'on s'accorde si facilement aujourd'hui. Un tapis sous les pieds lui semblait une recherche excessive. « Je ne trouve pas mauvais que l'on s'en serve, disait-il, je suis bien reconnaissant à qui me le procure, mais je n'en avais pas chez mon père, je n'en connus pas en prison, et je suis trop vieux pour prendre des habitudes nouvelles. » Lorsque l'enflure des jambes lui interdit tout exercice, on lui donna un fauteuil élastique afin qu'il pût se reposer plus commodément. Il s'en servit une fois pour ne pas répondre par un refus à l'attention que l'on avait eue pour lui, mais il prétendait trouver tant d'agrément et de commodité sur sa chaise de paille qu'il fallut la lui laisser.

Il avait, jusqu'à l'âge de 75 ans, observé rigoureusement les jeûnes et les abstinences de l'Eglise, bien qu'il confessât souvent toute la matinée. Lorsqu'on lui faisait quelques observations à ce sujet, il répondait : « Le jeûne est obligatoire, mon ministère est libre ; celui-ci ne saurait me faire manquer à celui-là. » Il professa toujours un grand respect pour la loi établie, et quelle admirable leçon offrait la conduite de ce vénérable vieillard allant demander aux supérieurs ecclésiastiques la moindre dispense, la moindre permission, plus humblement peut-être que le plus humble des séminaristes !

Pendant sa maladie il se montra, comme dans tous les autres temps, avec cette simplicité charmante qui faisait le fond de son caractère. Quand on allait le voir, il parlait peu de sa santé, répondait aux questions qu'on lui adressait, mais bientôt, sans affectation, il reportait la conversation sur un autre objet. Ses propres douleurs, loin de le rendre indifférent à celles des autres, lui donnaient plus de compassion pour les personnes qu'il savait souffrantes ou affligées. Une jeune mère, l'une de ses filles aînées, tomba dangereusement malade ; son état de santé ne lui permettait pas d'aller la voir, mais il priait constamment pour elle et engageait Melle Herbert à le faire avec instance. « Prions, répétait-il, Dieu nous la rendra, elle fera du bien à sa famille et autour d'elle, prions avec confiance. » Ses vœux furent exaucés, la jeune femme guérit, et elle attribua toujours aux prières de son bon Père Correur son complet rétablissement.

Pendant les vacances de 1839, Melle Herbert avait relevé un tableau général des élèves qui avaient été au pensionnat depuis 1815; elle le lui communiqua. Dans cet espace de vingt-cinq années, pas une des enfants qui s'étaient succédé n'avait échappé à sa mémoire; il se rappelait leurs dispositions, leurs progrès, les consolations qu'elles avaient données, comme si elles n'eussent pas été par centaines et qu'elles ne fussent parties que d'hier.

Vers les derniers mois de cette même année, la maladie de M. l'abbé Correur s'était aggravée et les élèves ne le voyaient plus guère qu'à la chapelle, où il venait dire la Sainte Messe aussi souvent que le lui permettaient ses forces défaillantes, ou bien à la distribution des récompenses mensuelles et hebdomadaires, où il se montrait d'une bonté, d'une amabilité plus grande encore, s'il est possible, que par le passé. Il portait à toutes un intérêt si touchant, que les anciennes comme les nouvelles élèves ne surent jamais lui donner d'autre nom que celui de *Père*. Les petites œuvres de charité de ses chères enfants l'occupaient délicieusement, et les secours qu'elles accordèrent si constamment à une pauvre vieille femme du nom de Rosette, à laquelle il portait un intérêt particulier, furent une des dernières consolations de sa vie. Il prenait et reprenait de ses mains affaiblies les effets qu'elles avaient faits elles-mêmes pour sa protégée. « Oh! disait-il, cette bonne fille priera pour ses petites bienfaitrices, et ses prières doivent être très agréables au bon Dieu. »

Si M. l'abbé Correur était un père pour les élèves du pensionnat, il l'était aussi pour Melle Herbert. Après la mort de M. l'abbé Duminy, qui avait été son directeur depuis son retour d'Angleterre, elle avait remis le soin de son âme entre les mains de celui dont elle avait apprécié la sagesse et la prudence depuis de longues années ; aussi, quand elle vit la maladie menacer une existence si précieuse, sa douleur et son anxiété furent bien grandes ; elle en suivait les progrès avec d'inexprimables angoisses et elle ne pouvait entrevoir sans terreur le moment où elle serait privée de son appui et de ses conseils.

De son côté, le vénérable abbé Correur avait pour Melle Herbert une sollicitude toute paternelle. Il se préoccupait de l'excès de son zèle, du peu de soin qu'elle donnait à sa santé, et un jour, quelques mois avant sa mort, se trouvant seul avec M^{el'e} Virginie Lecornu, qui avait déjà donné à Melle Herbert bien des preuves de son profond attachement, il la recommanda à son affection. « Je vous la confie, » lui dit-il. Nous verrons comment Melle Lecornu remplit cette douce mission.

Après la mort de ce guide, de cet ami si vénérable, Melle Herbert recueillit pieusement les souvenirs qui se rattachaient aux derniers jours de sa vie, et c'est dans les lignes qu'elle traça alors que nous trouvons les précieux détails que nous relatons ici sur la fin si édifiante de M. l'abbé Correur.

« Vers le milieu de décembre, son état de santé devint plus alarmant ; les fêtes de Noël passèrent sans qu'il pût célébrer le Saint Sacrifice, et cette privation lui fut bien douloureuse. Le 29 décembre, il voulut se confesser. « C'est un jour, dit-il, à régler de grandes affaires. » Il fit en effet une confession générale. Le jour de la Circoncision, ayant retrouvé un peu de force, il dit la Sainte Messe avec une joie toute céleste. La sérénité que respirait sa physionomie donnait à ses traits une expression qui n'était plus de la terre, et malgré ma profonde douleur, je ne pouvais m'empêcher de partager cette douce émotion. « Jamais, nous dit-il après la Sainte Messe, je n'avais eu un désir si vif et si pur d'offrir le Saint Sacrifice. Oh! ma fille, quel Médiateur nous avons!... Combien grande doit être notre confiance, malgré notre misère! Aimons-le, oh! aimons-le généreusement. C'est lui le véritable ami, le vrai père ; en lui, par lui, nous nous réunirons tous, tous pour ne plus nous quitter. » Il vit que j'avais trop senti où allaient ces derniers mots. « Allons, ma fille, montrons-nous chrétienne, continua-t-il ; la foi, l'espérance, le courage : voilà les sentiments qui nous sont propres par la grâce. » Je fis tous mes efforts pour dérober à notre bon Père les tristes pensées qui pesaient sur mon cœur, et le priai de me bénir au premier jour de cette année. Il m'accorda cette faveur et m'adressa quelques paroles où sa foi se traduisait d'une façon bien touchante. Un peu plus tard, dans cette même journée, on lui demanda s'il recevrait les personnes qui se présenteraient pour lui offrir leurs souhaits. « Gardons, répondit-il, ce peu de force pour le bon Dieu, afin de pouvoir, s'il est possible, dire encore la Sainte Messe demain. »

» Dans le courant de la journée il m'exprima quelques-unes des pensées graves qui l'occupaient et dont je cherchais à le distraire. « Il faut nous y accoutumer, dit-il. La mort est aussi naturelle que la vie. L'automne voit mûrir les fruits et les fruits mûrs doivent tomber ; puisse celui-ci tomber dans la main miséricordieuse du Seigneur !

— Pouvez-vous en douter ?

— Oui, j'espère que le Seigneur me fera miséricorde. Ah ! qu'il vienne donc ce jour qui doit me donner enfin le bonheur de le voir !

— Je comprends de tels vœux, mais nous toutes que vous allez laisser !...

— Ma fille, reprit-il d'un ton solennel, j'ai fini ma tâche, achevez la vôtre. Vous pouvez, vous devez être utile à nos enfants. Cette pensée doit vous donner courage. Le bon Dieu vous soutiendra et je lègue à nos enfants le soin dont elles sont dignes, celui d'être votre consolation et de vous ménager encore des joies sur la terre. »

» Je crus pouvoir le supplier de penser à nous lorsqu'il serait arrivé dans la patrie céleste. « Je vous le promets, répondit-il avec émotion. Si le bon Dieu me reçoit en sa grâce, et je l'espère de sa bonté, ah ! ni mes yeux ni mon cœur ne vous quitteront, ni vous, ni aucun de ceux que nous avons chéris ; sans cesse j'appellerai sur vous, sur notre cher troupeau, les bénédictions du Seigneur. »

» Un mieux passager se manifesta pendant les quelques jours qui suivirent. M. l'abbé Correur put dire la Sainte Messe, s'occuper, recevoir même quelques personnes, qui le trouvèrent plus gai et plus affectueux que jamais. Mgr Mioland nous ayant fait l'honneur d'une visite à l'occasion du 1er janvier, il n'avait pu y assister. En sortant du pensionnat, Monseigneur se rendit chez lui ; il le reçut avec ce respectueux empressement qui peignait si bien les sentiments qu'il portait à son Evêque. La conversation fut vive, animée ; il voulut absolument reconduire Monseigneur jusqu'à la rue, quelque instance que lui fît le prélat de n'en rien faire.

» Le dimanche 12 janvier, jour auquel on célébrait cette année-là la fête de l'Epiphanie, il dit la Sainte Messe pour la dernière fois. La fatigue extrême que je remarquai en lui me donnait bien des craintes. La veille, il m'avait tracé un plan si positif de conduite pour l'avenir, que ses paroles si bonnes et si pleines d'onction étaient comme un testament spirituel, et elles se gravèrent profondément dans mon âme. Puis il m'expliqua avec son sang-froid habituel quelques dispositions qu'il n'avait pu écrire, et cela comme s'il se fût agi de prendre des mesures pour un départ ou une absence de quelques jours.

» Le soir, on vint me prévenir qu'il était plus mal et que, vaincu par un terrible accès de fièvre, il avait été obligé de se mettre au lit ; mais il avait voulu terminer son bréviaire pour le lendemain, puis il acheva son chapelet. Sa main droite défaillait déjà et ne pouvait plus le tenir ; il le passa dans la main gauche et le termina. Son médecin, mandé en toute hâte, le trouva très malade ; il ne répondit guère que par des signes aux questions qui lui étaient adressées ; bientôt il ne répondit plus, mais ses lèvres s'agitaient encore, et en m'approchant de lui j'entendis distinctement ces mots : *Ostende nobis, Domine, misericordiam tuam et salutare tuum da nobis.* Aussitôt que le danger nous était apparu comme imminent, nous avions envoyé chercher M. l'abbé Jourdain, qui lui donna la sainte absolution et l'Extrême-Onction. Ce fut une grande consolation pour nous de constater qu'il avait encore sa connaissance, quoiqu'il ne pût faire aucun mouvement. Deux heures s'écoulèrent pendant lesquelles nous priâmes à genoux près de son lit. Les anges vinrent recevoir l'âme du juste. Il mourut comme il l'avait désiré, *silencieusement* et dans l'exercice de la prière, préparé depuis longtemps à ce passage par les plus saintes pratiques de la piété et surtout par une longue vie de mérites.

» Nos chères enfants et notre maison entière s'étaient endormies dans la sécurité la plus complète. A leur réveil, elles apprirent, et Dieu sait avec quels sentiments de douleur et de regret, qu'elles avaient perdu l'ami le plus cher, le père le plus dévoué ; mais toutes invoquèrent dans leur âme leur puissant protecteur qu'elles voyaient au Ciel.

» Ce fut le 18 janvier 1840, jour où l'Eglise célèbre la fête de la Chaire de saint Pierre, que le digne défenseur de l'unité de l'Eglise, le fidèle confesseur de la foi catholique rendit sa belle âme à Dieu.

» Ses funérailles furent honorées de la présence de Mgr Mioland, de presque tout le clergé de la ville et de tout ce qu'elle comptait d'hommes honorables et chrétiens. Un nombre considérable de personnes garnissaient les grilles du chœur de la cathédrale. Toutes ses enfants voulurent aussi lui rendre ce tribut de reconnaissance. »

La mort du vénérable abbé Correur laissait un vide immense dans l'âme de Melle Herbert. Il n'avait pas été seulement le guide de sa conscience, mais encore son conseil dans toutes les circonstances difficiles où elle s'était trouvée.

Toujours il s'était montré pour elle un véritable père, la soutenant dans ses peines, l'encourageant dans ses efforts, et il avait certainement été pour une large part dans tout le bien qui s'était accompli par elle depuis vingt-cinq ans. Cette direction si sage et si forte, Melle Herbert en suivra encore les grandes lignes, et bien souvent elle se dira : Si le bon Père Correur était là, il me conseillerait d'agir ainsi.

Pour répondre au vœu qu'il avait exprimé, elle se rendit acquéreur des ouvrages qui composaient sa bibliothèque, et dont plus tard elle se servit avec consolation dans les travaux littéraires qu'elle entreprit.

Ame fortement trempée, Melle Herbert ne se laissa pas abattre dans cette douloureuse épreuve. Comme dans toutes celles qu'elle avait déjà traversées, elle chercha en Dieu le courage et la consolation dont elle avait besoin. On remarqua qu'elle restait plus longtemps à la chapelle, où le soir, lorsque sa journée de labeur était terminée, elle s'oubliait au pied de l'autel. Tout ce qui touchait à l'Hôte bien-aimé qui daignait reposer sous son toit l'intéressait particulièrement. Souvent, pendant une récréation, entourée de celles de ses chères collaboratrices qui n'étaient pas occupées aux surveillances, elle travaillait aux linges sacrés destinés à la chapelle, et elle leur avouait que rien ne lui était plus doux.

Si Melle Herbert avait pu, par la force de sa volonté et avec la grâce du Seigneur, surmonter le vif chagrin que lui avait causé la mort de M. l'abbé Correur et continuer sans interruption tous ses travaux, sa santé, qui n'était pas à la hauteur de son courage, fut de nouveau fortement ébranlée. Une toux incessante et opiniâtre donna alors de sérieuses inquiétudes, et lorsque les vacances arrivèrent, ses amies la forcèrent à prendre quelque repos. Un séjour de plusieurs semaines à la campagne lui fut très salutaire, et elle put reprendre ses occupations.

M. l'abbé Jourdain, vicaire de Notre-Dame d'Amiens, qui avait été choisi par le bon Père Correur, quelque temps avant sa mort, comme confesseur du pensionnat de Melle Herbert, continua de remplir cette mission avec zèle et dévouement. Il assistait chaque dimanche à la distribution des récompenses, et il y était souvent accompagné de son savant ami M. l'abbé Duval, aujourd'hui doyen du Chapitre de la cathédrale.

IL est une pensée que Melle Herbert aimait à commenter devant ses élèves et qui semble l'avoir inspirée dans toutes ses œuvres de charité.

« Jésus, disait-elle, qui se cache sous les espèces eucharistiques pour se donner à nous, se cache aussi sous l'apparence de nos frères souffrants et malheureux pour obtenir une preuve de notre amour. »

Cette pensée toute de foi lui donnait le désir très vif de secourir les pauvres ; elle les aimait et avait su inspirer cet amour à ses chères enfants ; aussi les encourageait-elle toujours dans l'exercice de la charité.

Un matin de l'année 1845, plusieurs de ses élèves, en se rendant au pensionnat, furent témoins de l'arrestation d'un pauvre vieux, surpris par les agents de la police au moment où il demandait l'aumône. La mendicité était alors interdite. Il pleurait... et tout émues de ses larmes, elles racontèrent ce qu'elles avaient vu à leur chère maîtresse, qui leur suggéra l'idée d'adresser une pétition au Procureur du Roi, s'engageant à subvenir aux besoins du pauvre et à ceux de sa femme infirme. Le soir même il était remis en liberté.

L'attention de Melle Herbert se trouva ainsi attirée vers une classe particulière de pauvres : Les vieux ménages. Elle comprit qu'arrivés à un âge où ils ne peuvent plus gagner leur vie, ils ont besoin d'être secourus et soutenus. Il lui sembla aussi que l'assistance donnée par des jeunes filles à de pauvres vieillards était bien touchante. Plusieurs ménages furent donc adoptés. Les anciennes élèves voulurent s'unir à leurs jeunes sœurs, et ainsi se trouva formée une petite association charitable. Le 24 juin 1845, M. l'abbé Dubas, curé de Notre-Dame, inaugurait, dans la chapelle du pensionnat, *l'Œuvre des Vieux-Ménages*.

Melle Herbert, qui avait toutes les délicatesses du cœur, choisit cette date, qui était celle de la fête du si regretté abbé Correur. Elle était convaincue que si ce bon Père avait encore été au milieu de ses enfants, il se serait grandement réjoui de cette fondation.

Le but de l'œuvre était donc de soulager *à domicile* ces pauvres vieillards qui ne pouvaient être reçus dans l'hospice Saint-Charles, où n'étaient admis que des célibataires, des veufs ou des veuves, ni à l'Hôtel-Dieu, où l'on ne reçoit pas les vieillards infirmes.

Le bureau de bienfaisance accordait bien des secours à ces vieux ménages, mais ils n'étaient point suffisants ; l'association leur venait en aide en payant leur loyer, en leur donnant des bons de pain, de viande et de chauffage, quelques secours en cas de maladie, du linge et des vêtements chauds à l'entrée de l'hiver, cette saison toujours si pénible pour le pauvre.

Une présidente, vice-présidente, trésorière, secrétaire et des administrantes se partageaient la besogne.

Chaque mois les administrantes recevaient leur quote-part et veillaient au bon emploi des secours, suggéraient à leurs pauvres quelques bonnes pensées et tâchaient de les ramener au sentiment du devoir, trop souvent oublié ; mais elles s'attachaient à leur faire

M. L'ABBÉ DUBAS,
Curé de Notre-Dame.

comprendre qu'il ne fallait pas regarder les secours qui leur étaient accordés comme le prix des actes de religion auxquels on les exhortait. Autant on cherchait à raviver en eux les sentiments chrétiens, autant il importait de leur inspirer une conduite droite et sincère.

Le nombre des vieux ménages pauvres était grand dans la ville d'Amiens, et une sainte ambition animait Melle Herbert et ses chères élèves. Les ressources que fournissait leur générosité, celles qu'y ajoutaient les anciennes élèves, donnaient déjà une somme assez importante, mais elles voulaient davantage encore. Une ingénieuse pensée vint alors à l'esprit de la fondatrice : L'œuvre était née dans un pensionnat, pourquoi n'y intéresserait-elle pas les autres maisons d'éducation de la ville, aussi bien celles des jeunes gens que celles des jeunes filles ? Elle mûrit cette pensée devant Dieu, puis elle en dit quelques mots aux directeurs et directrices de pensions, qui accueillirent favorablement cette idée, et des cotisations annuelles de 200, 400 et même 600 francs vinrent augmenter les fonds à distribuer aux vieux ménages.

Une autre ressource, qui fut l'une des principales pendant de longues années, était la loterie annuelle fixée au moment des vacances. Le plus grand nombre des lots étaient donnés par les associées, presque toutes les élèves offraient chacune le leur, et de jolis ouvrages dus à leur zèle et à leur adresse formaient un fonds qui ne manquait jamais. Melle Herbert voulait contribuer personnellement aussi à la loterie, et je n'ai pas besoin d'ajouter que le travail de ses mains, d'ailleurs toujours charmant, était le lot le plus envié par ses chères élèves ; nous nous rappelons, non sans émotion, que le dernier représentait un *vieux ménage*. Au nombre des lots étaient toujours plusieurs meubles : prie-Dieu, fauteuils, chaises, coffres au bois, etc. L'une de nos maîtresses avait un vrai talent pour l'exécution des broderies au petit point sur drap ou sur velours. De gracieux bouquets, des fleurs aux vives couleurs, harmonieusement entrelacées, produisaient un charmant effet. Je me souviens d'un fauteuil recouvert de drap blanc sur lequel étaient brodés des bouquets de roses mousseuses. Ce fauteuil, qui faisait l'admiration de toutes les personnes qui visitèrent l'exposition, fut gagné par l'une de mes tantes et je le revois encore quelquefois, car il a été conservé avec le plus grand soin. Le produit de cette loterie servait principalement à acheter de bonnes couvertures et de chauds vêtements pour les vieillards au commencement de l'hiver. Dès que Melle Herbert avait un moment de liberté, elle travaillait pour ses pauvres ; elle demandait même la permission à ses visiteurs de continuer son tricot. « Cela n'empêche pas de causer, disait-elle, et à la fin de l'année je suis heureuse d'avoir une bonne provision pour nos vieillards. » En effet, de vingt à vingt-cinq gilets témoignaient chaque hiver de l'emploi de son temps.

Ajoutons un détail touchant : la laine qu'elle employait provenait de plusieurs filatures dirigées par les maris des associées, et lorsque les corbeilles remplies de fuseaux arrivaient au pensionnat, Melle Herbert en était toute joyeuse.

Les réunions mensuelles avaient lieu le second mardi de chaque mois dans la chapelle du pensionnat. Après avoir entendu la Sainte Messe et les paroles d'édification qui leur étaient adressées par le directeur de l'œuvre, les associées s'entretenaient de leurs chers pauvres, de leurs maladies, de leurs besoins, des décès, des admissions nouvelles, et une quête était faite en leur faveur.

Ces réunions étaient pleines de charmes pour elles. Les unes y retrouvaient un doux souvenir d'enfance ; les autres auraient regretté qu'une bonne œuvre leur échappât. Cette union dans la prière et dans l'exercice de la charité ranimait la piété. Le saint évêque de Genève ne dit-il pas : « Les charbons allumés s'éteignent si on les divise ; réunis, ils s'enflamment ? »

Fidèle à ses principes, Melle Herbert n'insistait pas auprès des associées qu'elle savait retenues par les devoirs impérieux de la famille, pour qu'elles vinssent aux réunions, mais elle leur avait indiqué le moyen d'y être par le cœur et par l'aumône, en envoyant leur offrande par une parente ou une amie. Cet usage persiste encore.

La visite des pauvres par les associées donnait quelquefois lieu à des actes bien touchants. A leur sortie de pension, les jeunes filles accompagnaient leurs mères dans la visite des vieillards, et faisaient ainsi à leur côté l'apprentissage de la charité. Si ces dernières étaient retenues par quelque empêchement, elles portaient, accompagnées d'une femme de chambre, les secours de la semaine. Parfois encore, en sortant de la messe, plusieurs d'entre elles se réunissaient et faisaient ensemble la visite des ménages. C'est ainsi que, pendant une indisposition qui retint de longues semaines ma mère au coin du feu, je visitai ses bons vieux avec l'une de mes amies, élève aussi de Melle Herbert.

L'homme avait 80 ans et la femme, infirme

depuis quelques années, 78. Ils demeuraient au 4e étage dans une pauvre maison occupée par des ouvriers. Ces vieux étaient de braves gens, mais le mari, sans être irréligieux, ne remplissait pas ses devoirs de chrétien. Nous avions essayé à plusieurs reprises, Pauline et moi, de le décider à se confesser, mais il nous répondait que Dieu était trop bon pour le damner, qu'il avait toujours été honnête et que cela suffisait pour être sauvé. Nous nous désolions de son obstination et nous priions pour lui.

Cependant, ma chère Pauline, à laquelle Dieu avait donné la grâce de la vocation religieuse, entra à la Visitation. La première fois que je revis nos bons vieux après qu'elle nous eut quittés, je les trouvai tout tristes.

— Qu'avez-vous ? dis-je à la femme, êtes-vous malade ?

— Non, me répondit-elle, mais je ne me console pas d'avoir perdu notre demoiselle.

Je la regardai étonnée et ne comprenant pas.

— Melle Pauline n'est-elle pas partie au couvent ? reprit-elle. Elle est venue nous dire adieu avant-hier. Oh! quel malheur pour nous ! Si vous saviez comme elle était bonne !

Et elle me raconta comment Pauline venait chaque matin faire leur lit, balayer leur chambre, leur monter de l'eau ; enfin, disait la pauvre vieille en pleurant, elle faisait notre ménage.

Le mari, assis dans son fauteuil de paille, paraissait tout ému.

— Melle Pauline, c'est une vraie sainte du

bon Dieu, dit-il ; aussi je lui ai fait une promesse quand elle nous a quittés.

Je ne demandai pas laquelle, mais je m'en doutais bien un peu.

— Oui, continua-t-il, j'irai me confesser samedi et je communierai dimanche avec ma femme.

Ma pieuse amie avait été éloquente par ses œuvres.

Ceci est un fait isolé ; combien d'autres de ce genre qui n'ont été connus que de Dieu !

Le zèle avec lequel les anciennes élèves de Melle Herbert visitaient leurs chers vieux ménages, prouvait que la fondatrice ne s'était pas trompée en comptant sur les sentiments de foi qui les animaient. Il y avait là cette passion de la charité qui, lorsqu'elle s'est emparée des âmes, y croît chaque jour. Il s'établissait entre les pauvres vieillards et les dames ou les jeunes filles qui les secouraient, de véritables liens d'affection. Quand ils étaient malades, elles les visitaient presque chaque jour, les consolant, les encourageant et veillant, avec une grande sollicitude, aux intérêts de leur salut ; elles s'efforçaient de les amener à demander eux-mêmes les secours de la religion, et lorsqu'ils avaient exprimé le désir d'y recourir, elles allaient prévenir l'ecclésiastique qu'ils désignaient ; puis, elles assistaient à l'administration des derniers Sacrements. Il y avait même dans une des paroisses de la ville une touchante coutume : Une jeune associée s'était procuré tout ce qui était nécessaire en pareille circonstance : une nappe blanche, des chandeliers, un crucifix, un petit seau à eau bénite avec son goupillon, un plateau où étaient déposées les boulettes de coton avec lesquelles le prêtre essuie l'huile des onctions et même deux vases de fleurs.

Lorsqu'elle apprenait que l'un des vieillards allait être administré, elle faisait transporter chez lui ces divers objets, s'y rendait avec quelques pieuses amies, dressait le petit autel, et tout était prêt pour recevoir le prêtre. La grave cérémonie de l'administration des derniers Sacrements s'accomplissait ainsi avec tout le respect, toute la décence que réclament les choses saintes. Avant de se retirer, les jeunes filles chantaient un pieux cantique qui parlait des divines espérances que donne la foi, et des joies du Ciel. Les parents du malade, lui-même souvent, les remerciaient avec effusion.

Melle Herbert considérait l'exercice au grand air comme étant très utile à la santé de ses élèves, et en toute saison, quand le temps le permettait, elle leur faisait faire de longues promenades. L'été, on ne se contentait pas des boulevards de la ville, on allait au-delà, et c'était joie de voir les champs avec leur belle parure de verdure et de fleurs. On s'asseyait sur les rideaux, on causait, on jouait. Mais ces promenades, dans lesquelles Melle Herbert accompagnait toujours ses élèves, étaient pour elle une cause de grande fatigue, et elle prévit le moment où elles lui deviendraient impossibles. Elle cherchait, depuis quelque temps déjà, une maison de campagne proche d'Amiens, où ses chères enfants pourraient, plusieurs fois par semaine, aller passer quelques heures. Une occasion favorable se présenta à la fin de l'hiver 1846. Melle Herbert fit l'acquisition d'une jolie petite propriété située à La Neuville. Une demi-heure de marche à peine la séparait du pensionnat, et sous tous les rapports on ne pouvait rien désirer de mieux pour les ébats des élèves. Un jour donc, lorsque tout fut prêt, notre chère maîtresse, qui aimait à nous causer d'agréables surprises, fit sonner la promenade plus tôt que de coutume, et lorsque nous fûmes toutes réunies dans la grande cour, après nous avoir fait réciter les prières qui précédaient toujours nos sorties, elle nous dit que nous allions visiter un ermitage et qu'il nous serait permis d'y cueillir des violettes. Rien de plus ; et on se mit en route. On sortit de la ville par un chemin bordé de saules qui était nouveau pour nous et qui nous conduisit jusqu'au petit village de La Neuville. Là, arrivée au pied d'un grand mur, Melle Herbert tira une clé de sa poche, ouvrit une porte et nous fit entrer. Nous restions toutes indécises, attendant de nouveaux ordres pour avancer dans l'intérieur de ce beau jardin dont nous ne voyions pas les propriétaires. Lorsque notre bonne maîtresse fut au milieu de nous, elle s'amusa un instant de notre étonnement ; puis elle nous dit en souriant : « Mes enfants, nous sommes chez nous ; c'est aujourd'hui grand congé ; allez, promenez-vous, jouez dans *notre ermitage*. » Il y eut alors des explosions d'un enthousiasme indescriptible. Les petites dansaient de bonheur, les plus grandes ne savaient comment dire toute leur reconnaissance à

Melle Herbert. Enfin, on se débanda et on visita dans toute son étendue le superbe jardin. Dans sa partie la plus haute, une plateforme avec une magnifique allée de tilleuls, et un joli pavillon assez grand pour pouvoir y trouver toutes un abri en cas de pluie ; puis, un versant boisé, et dans le bas, un jardin potager dont les légumes et les fruits seraient certainement délicieux. La joie était si exubérante que l'on cueillit peu de violettes, et lorsque la petite clochette, qu'une de nos maîtresses avait eu la prévoyance d'apporter, se fit entendre, on trouva que le temps avait passé avec une trop grande rapidité.

Bien des années se sont écoulées depuis ce jour où, tout enfant, j'assistais à cette prise de possession, et je me rappelle encore les moindres détails.

On retournait très souvent à l'Ermitage. Il y avait des bancs sous de beaux arbres et, à certains jours, nous apportions nos livres et l'on y faisait l'étude ; puis, venait le goûter, et les jeux recommençaient. Une année, à l'occasion d'un grand congé, on y passa toute la journée. Parties d'Amiens après la messe, le retour n'eut lieu que pour l'heure du souper. Dîner à l'Ermitage était pour nous un plaisir tout nouveau. Ce repas, pour plus de cent personnes, avait donné un peu de peine aux femmes de service, mais ce détail nous échappait. J'en ai oublié le menu, qui, sans doute, se composait de mets tout préparés à l'avance, mais je me souviens encore du bonheur causé par ce festin sous la charmille.

A l'une des extrémités de l'Ermitage, sur

la hauteur, il y avait un grand Christ entouré d'arbres. Nous y venions prier en notre particulier, et pourquoi ne pas le dire ? assises sur le petit banc de mousse qui était au pied de la croix, nous passions là de doux moments, nous essayant au saint exercice de la méditation. Quelquefois nous nous y rencontrions plusieurs, mais là on ne causait pas, et si l'on s'adressait quelques mots, c'était à voix basse. Tout auprès, les ébats des élèves, les rondes, les jeux remplissaient l'air de cris et de chants joyeux ; cela ne troublait pas celles d'entre nous qui étaient venues dans cette petite solitude chercher le calme de la prière.

Melle Herbert se trouvait bien aussi à l'Ermitage, au milieu de toutes ses heureuses enfants, et lorsqu'elle se reposait en tricotant pour les chers vieux ménages, nous venions près d'elle. Elle causait avec nous, et sa conversation si douce, si agréable et si instructive en même temps, ajoutait un charme de plus à ces heures toujours trop courtes de villégiature. Parfois elle appelait en particulier une élève qui avait besoin de quelques conseils, d'encouragement, voire même d'observations sérieuses. Un jour, s'adressant à l'une d'elles, dont le caractère, un peu difficile et un peu indiscipliné, avait résisté à tous les avis qui lui avaient été donnés jusque-là, elle lui dit : « J'ai une enfant qui a tel défaut, je ne sais plus comment m'y prendre pour la corriger, indique-moi donc un moyen. — Je comprends, ma Bert, » répondit l'élève. Cette leçon, si spirituellement donnée, atteignit merveilleusement son but.

LE pensionnat de Melle Herbert était en pleine prospérité et tous ceux qui avaient pu apprécier les merveilleux résultats de son dévouement pensaient que pendant de longues années encore elle pourrait poursuivre sa mission ; mais sa santé déjà fort ébranlée s'altéra tout à coup, et elle dut s'avouer elle-même que ses forces ne pouvaient plus suffire à ses obligations ; elle s'en affligeait profondément et pendant plusieurs mois, elle ne confia qu'à Dieu la peine qu'elle en ressentait. C'est alors que, revenant en arrière, elle regrettait plus vivement que jamais la mort de sa chère Pauline, sur laquelle de si douces espérances s'étaient reposées. Combien il lui eût été doux de se décharger peu à peu sur elle de la conseiller, de la guider, de rester près d'elle jusqu'au moment où, sa course achevée, elle aurait emporté, en quittant la terre, l'espérance que l'œuvre commencée par elle se continuerait, et que de nouvelles générations d'enfants viendraient s'ajouter à celles qui étaient déjà passées par ses mains. Mais il fallait se résigner à prendre un autre parti, puisque Dieu avait rappelé à lui cette âme d'élite.

Nous avons pu constater, depuis le commencement de ce récit, l'admirable désintéressement de Melle Herbert. Elle n'avait jamais reculé devant les sacrifices qui pouvaient contribuer au bien de ses élèves, ni devant ceux que lui inspiraient ses devoirs de fille et d'amie. En tout, elle s'oubliait complètement elle-même. Elle avait été pendant de longues années à la tête d'un pensionnat florissant, et cependant elle se trouvait à la veille de le quitter sans avoir l'assurance de pouvoir terminer son existence à l'abri du besoin. Souvent, elle avait adressé à Dieu la prière de Salomon : « Seigneur, ne me don» nez pas la richesse, elle enfle le cœur et » éloigne de vous. Ne me donnez pas l'ex» trême pauvreté, qui est une source de ten» tations. Mais donnez-moi votre amour et ce » qui m'est nécessaire. »

La maison où était le pensionnat et l'Ermitage constituaient toute sa fortune ; et, en outre de ses besoins présents, elle avait encore à pourvoir à d'autres nécessités. Ses inquiétudes, ses anxiétés étaient donc terribles.

Elle demandait à Dieu d'éclairer sa voie et d'aplanir les difficultés qui se dressaient devant elle. Il exauça les prières de sa fidèle servante : Une riche famille, qui désirait acheter une maison dans le quartier où était situé le pensionnat, lui fit demander si elle consentirait à vendre la sienne. Elle considéra les conditions exceptionnelles de cette proposition comme la réponse à sa prière, et elle les accepta. Hélas ! ce n'était que le commencement de nouvelles épreuves, et les mois qui suivirent ne furent qu'un long chemin de croix pour notre chère maîtresse. Tout ce qu'elle aimait, elle allait le quitter. Les enfants, les jeunes filles qui lui étaient si chères, au bonheur desquelles, tous ses jours, tous ses travaux avaient été consacrés depuis plus de trente ans, il fallait s'en séparer. Cette maison, qu'elle avait si bien disposée pour son cher pensionnat elle allait s'en éloigner. Que de déchirements pour son cœur si sensible et si bon! Si elle parlait à ses enfants dans les instructions journalières qui avaient été si douces pour elles et si profitables à ses élèves, l'émotion la gagnait tout à coup, et c'est à peine si elle pouvait retenir les larmes qui menaçaient de trahir ce qui était encore un secret pour son cher entourage.

Si elle présidait une joyeuse récréation, son émotion n'était pas moindre, et plus d'une fois ses chères collaboratrices, remarquant sa tristesse, lui demandèrent si elle était malade. Malade !... elle l'était bien en effet, mais c'était surtout son âme qui souffrait de cruelles douleurs.

Lorsque, pendant sa longue carrière d'institutrice, elle avait quelque peine, elle allait, dans cette chapelle qui lui était si chère, épancher son chagrin au pied de l'autel. Aujourd'hui, là encore elle trouvait le sujet d'une vive peine. Bientôt, il faudrait dire adieu à ces lieux bénis, Jésus quitterait son sanctuaire. De quelque côté qu'elle se tournât, elle ne rencontrait donc que des épines.

Cependant, la fin de l'année scolaire approchait et il était urgent de prévenir les parents des élèves. Les regrets si unanimes que cette nouvelle inattendue provoqua prouvèrent à Melle Herbert combien son dévouement avait été apprécié par tous. La désolation des élèves, leurs larmes, la touchèrent profondément. Ses enfants, comme elle se plaisait à les appeler, ne pouvaient se consoler à la pensée d'une si triste séparation.

— Non, non, cela n'est pas possible, disait l'une d'elles en se jetant dans les bras de celle qu'elle appelait avec tant d'affection : Ma Bert.

Enfin, il fallut bien se rendre à l'évidence. La distribution des prix, cette cérémonie si joyeuse les années précédentes, où des chants harmonieux retentissaient sous les frais ombrages de la charmille, se fit sans solennité. Les voix étaient muettes et la tristesse était empreinte sur tous les fronts.

Melle Herbert, surmontant sa douleur, adressa un dernier adieu à ses enfants bien-aimées. Des soupirs et des sanglots répondirent seuls à sa voix. Suffoquée elle-même par l'émotion, elle se retira pour donner un libre cours à ses larmes.

Elle dut bientôt après s'occuper du déménagement. Rien n'est triste comme ces préparatifs de départ définitif. Tout revêt un caractère pénible et il faut sans cesse lutter, au milieu d'embarras et de fatigues de toutes sortes, contre les émotions les plus poignantes.

Pour Melle Herbert, quitter ces lieux où elle avait goûté le bonheur de faire le bien, et où tant de précieux souvenirs restaient attachés, lui causaient un affreux déchirement de cœur ; mais sa résignation était touchante. Lorsque, comprenant sa peine, on essayait de

la consoler, elle répondait avec douceur :
« Il faut accepter ce que l'on ne peut éviter ;
la pensée du devoir accompli adoucit les
peines les plus vives. » Le devoir !... telle
avait été la règle suprême de notre maîtresse
bien-aimée.

Un ecclésiastique qui avait pu constater
les heureux fruits de son apostolat, lui manifesta son étonnement d'une retraite dont il
ne connaissait sans doute pas les sérieux
motifs.

— On ne quitte pas une vocation, lui dit-il.

— On ne quitte pas une vocation religieuse,
avait-elle répondu ; mais une institutrice qui
connaît toute l'étendue de ses devoirs ne
doit pas persister quand elle ne peut plus les
remplir.

Melle Herbert était brisée par tant de douloureuses émotions. Une famille amie l'emmena à la campagne afin qu'elle pût y trouver
un peu de calme et de repos. Mais il fallut
bientôt revenir à Amiens, où l'appelaient de
nouveaux soins.

En prenant la grave détermination de quitter sa chère maison d'éducation, Melle Herbert n'avait pas l'intention de céder son pensionnat. M. l'abbé E. Jourdain, en apprenant
qu'il allait être fermé, exprima le désir qu'une
de ses parentes, Melle Mélanie Boucher, qui
y exerçait alors les fonctions de sous-maîtresse, en prît la suite. Melle Herbert souscrivit à ce désir et recommanda le nouvel établissement aux familles.

Tout le matériel fut transporté dans le local
choisi par Melle Boucher, et la confiance en
notre chère maîtresse était si grande, que

presque toutes les élèves revinrent à la rentrée. Elle assista à la messe du Saint-Esprit, et leur fit une instruction des plus touchantes pour les disposer à bien commencer l'année et à remplir tous les devoirs envers leurs nouvelles maîtresses.

Melle Herbert avait choisi pour le lieu de sa retraite une habitation des plus modestes. Elle avait tenu à ce qu'elle fût située dans un quartier peu éloigné du centre de la ville, afin que ses anciennes élèves pussent facilement venir la trouver. Sa petite maison était à quelques pas du couvent des Carmélites, où elle allait chaque jour entendre la sainte Messe et recevoir le Pain eucharistique.

Toutes ses chères collaboratrices avaient envié le bonheur de la suivre et de lui prouver ainsi leur reconnaissance ; mais cela n'était pas possible. Elle choisit l'une d'elles pour partager sa vie : Melle Virginie Lecornu. Les soins si intelligents, si affectueux dont cette dernière l'entoura, l'aidèrent à supporter les peines et les souffrances qui furent souvent son partage jusqu'à la fin de sa vie.

Sa santé donna de sérieuses inquiétudes, et, pendant plus d'un an, ses amis se demandaient avec terreur si elle pourrait surmonter son état de faiblesse.

Son médecin, le docteur Lemerchier, qui avait toujours été un ami dévoué pour elle et ses élèves, était lui-même fort inquiet. Il exigea qu'elle quittât sa petite maison, où l'air et l'espace faisaient défaut, et lui choisit une autre demeure sur les hauteurs d'Henriville, où la proximité des champs lui facilitait des promenades sans fatigue. Là encore notre maîtresse bien-aimée avait la consolation d'être voisine d'une communauté religieuse. Elle trouvait, à la Visitation, tous les secours spirituels qu'elle pouvait désirer. Pendant plus de dix années, elle édifia toutes les personnes qui fréquentaient la chapelle des Visitandines par son admirable recueillement. Devant l'autel, elle était tellement absorbée en DIEU, qu'elle semblait ne plus rien voir de ce qui l'entourait.

La vie de Melle Herbert ne pouvait être ni inactive, ni inutile. Apôtre dès son enfance, elle le fut pendant toute son existence et jusqu'à son dernier jour. Cet apostolat que nous l'avons vue exercer autour d'elle dès ses plus jeunes années, et plus tard au pensionnat, elle va le continuer de plusieurs manières : par ses paroles et par ses exemples, par ses écrits et par ses œuvres de charité.

Elle était accessible plus que jamais à ses anciennes élèves qui venaient, toujours très nombreuses, l'entourer des plus touchants témoignages de reconnaissance et d'affection.

A l'époque de sa fête (Ste Adélaïde, le 16 décembre), elles accouraient, non seulement de toutes les parties de la ville, mais encore de la campagne, ne craignant pas de faire un long voyage pour apporter à leur maîtresse bien-aimée l'expression de leurs vœux et de leur filial dévouement. Les fleurs les plus variées et les plus rares accompagnaient leurs souhaits, et Melle Herbert se plaisait à en orner la statue de notre Mère du Ciel.

« Je place ainsi mes chères enfants, disait elle, sous la protection de la Sainte Vierge, et je la prie de leur rendre en grâces de choix toutes les consolations qu'elles me donnent. »

Le renouvellement de l'année ramenait la même affluence ; mais alors les anciennes élèves de Melle Herbert ne revenaient pas seules auprès d'elle, elles amenaient leur mari et leurs enfants.

En la voyant plus libre de son temps, elles auraient voulu avoir le bonheur de la recevoir, de lui faire partager quelquefois leurs fêtes de famille, car elles savaient que, loin de les condamner, elle les approuvait, trouvant qu'elles contribuaient à resserrer les liens les plus précieux ; mais, fidèle à la ligne de conduite qu'elle s'était tracée, elle n'acceptait jamais d'invitation. « Quand vous êtes dans la joie, leur disait-elle, vous avez toujours des amis prêts à se réjouir avec vous ; quand vous aurez des peines et des chagrins, soyez sûres de me trouver. »

Que de familles elle sut maintenir dans la paix et la concorde et qui lui durent leur bonheur ! Ses avis, que l'on venait chercher avec empressement, étaient reçus avec une confiance sans borne, fidèlement suivis, et, dans la joie qu'elle en éprouvait, elle disait : « J'ai enseigné et mes filles pratiquent... Je ne fais plus rien pour votre gloire, ô mon Dieu, ajoutait-elle avec une profonde humilité, mais ces chères enfants, que vous m'aviez confiées, se montrent charitables, zélées, généreuses, édifiantes : c'est ma plus grande consolation. » L'accueil que toutes recevaient de leur chère maîtresse était si maternel, qu'elles se trouvaient consolées dans leurs peines, fortifiées pour l'accomplissement de leurs devoirs quotidiens. « Tout paraît facile quand on vient de causer avec ma Bert, disait l'une d'elles, qui était dans une situation des plus pénibles ; la voie nous est tracée, nous n'avons plus qu'à la suivre. » Cette voie droite, parfois hérissée d'épines, elle ne se contentait pas de l'indiquer, elle demandait au Seigneur d'aider ses chères filles à la suivre sans s'en écarter. Souvent elle restait longtemps en prière, et quand on s'étonnait de la voir ainsi s'oublier devant Dieu : « J'ai à lui parler d'une si nombreuse famille ! répondait-elle ; j'ai tant de grâces à solliciter ! »

Toutes ses enfants étaient recommandées à Dieu chaque jour, et celles qui avaient quitté la terre, plus instamment encore peut-être. Aux jours de leur fête, elle réclamait la protection des saints dont elles portaient les noms ; mais c'était surtout lorsqu'elle savait que l'épreuve accablait quelqu'une d'elles qu'elle redoublait d'instances auprès de Celui d'où découle toute grâce.

Etre élève de Melle Herbert, c'était appartenir à une grande famille dont tous les membres étaient solidaires les uns des autres ; et il n'était point nécessaire, pour que ce lien existât entre nous, que nous eussions été compagnes de classe : quand même une génération nous aurait séparées, nous étions heureuses de nous rencontrer, de causer ensemble du cher pensionnat, de nos maîtresses. Une intimité pleine de charme s'établissait aussitôt, et elle reposait évidemment sur une grande conformité de sentiments et de croyances.

Melle Herbert, déchargée des soins et des

travaux qui avaient en quelque sorte absorbé
tous ses instants pendant qu'elle dirigeait sa
maison d'éducation, désirait que ces heures
de calme et de solitude servissent à l'avance-
ment de son âme dans l'union avec Dieu, et
fussent une préparation au passage du temps
à l'éternité. Elle voulut alors faire une revue
générale de toute sa vie. Elle s'y disposa
avec un grand soin, priant Dieu de l'éclairer,
de lui donner le regret de ses fautes et toutes
les dispositions nécessaires pour que son
âme en fût complètement purifiée. Elle fit
cette confession avec une profonde humilité
et les plus vifs sentiments d'amour de Dieu;
aussi en éprouva-t-elle une consolation et
une douceur inexprimables. Son cœur se
livrait à de véritables transports de reconnaissance, et elle resta longtemps plongée
dans un délicieux recueillement. Les joies
ineffables qu'elle goûtait se reflétaient sur
son visage, qui semblait illuminé d'une clarté
toute céleste. Bien qu'elle conservât intégra-
lement toutes ses impressions, elle laissa
échapper un jour quelques-uns de ses sentiments si intimes. « Je l'écoutais avec un bonheur indicible, nous disait l'amie si dévouée
qui veillait sans cesse auprès d'elle, j'étais si
heureuse ! mais, craignant sans doute que je
ne prisse une trop haute opinion de sa piété,
elle se renferma ensuite plus que jamais en
elle-même. »

Melle Herbert était admirablement disposée
à l'apostolat qu'elle devait exercer par ses
écrits. Toute sa vie, elle avait étudié les
Livres saints, les Pères de l'Eglise, les auteurs
ascétiques ; elle avait enseigné les vérités

de la religion, et maintenant elle allait fixer cet enseignement, qui pourrait ainsi se répandre et se transmettre.

Son vif amour pour Notre-Seigneur au Très-Saint Sacrement de l'autel lui inspira son premier travail : un petit traité sur *le Sacrifice de la Messe*. Il lui parut qu'une explication très simple et très nette de cet auguste mystère pourrait aider les âmes à retirer plus de fruits de l'assistance à la sainte Messe, un des plus importants devoirs de la vie chrétienne. Montrant d'abord la nécessité du sacrifice en général, la grandeur du Sacrifice de la croix et de celui de l'autel, qui en est la continuation, elle passe en revue les divers objets servant au saint Sacrifice de la Messe : l'autel, les vêtements sacerdotaux, les ornements, les vases sacrés, les cierges allumés, les cérémonies qui les accompagnent, avec l'explication du sens qu'elles expriment, et nous indique les dispositions que nous devons y apporter.

Elle fait suivre les prières de l'Ordinaire de la Messe, de quelques exercices de piété appropriés aux divers besoins de l'âme chrétienne. Elle appela ce petit volume *L'Ange du Sanctuaire*, le dédiant ainsi à l'Esprit bienheureux préposé à la garde de chaque autel où s'immole la divine Victime : « Ange saint, remplissez nos âmes, dit-elle dans sa dédicace, de foi, de confiance et d'amour. Rappelez les pensées qui s'égarent, réveillez la ferveur qui sommeille, et que vos yeux ne trouvent jamais parmi nous de profanes à punir. »

L'Ange du Sanctuaire fut accueilli avec une grande joie par toutes les élèves de

Melle Herbert, qui se plurent à le propager autour d'elles, en sorte qu'elle eut la consolation de voir ce premier essai entre les mains d'un grand nombre de personnes.

Plusieurs mères de famille, se rappelant avec quel intérêt et quel bonheur elles écoutaient, tout enfants, les enseignements de leur chère Maîtresse, lui demandèrent avec instance de composer un volume spécialement consacré au jeune âge. Elle souscrivit bien volontiers à ce désir, et, quelques mois plus tard, elle fit paraître le petit volume intitulé *Espérance*. « Chers petits enfants, dit-elle à ses jeunes lecteurs, ce livre, qui est le vôtre, contient quelques vérités qui, jetées dans votre cœur comme de bonnes graines dans un jardin, produiront des fleurs et des fruits : je veux dire que vous deviendrez meilleurs, plus obéissants, plus sages, et notre *Espérance* sera remplie. »

Mais la pensée d'un autre travail plus important s'était présentée bien souvent déjà à son esprit. Nous savons avec quel soin, je pourrais dire avec quel amour, elle avait toujours préparé ses cours d'instruction religieuse ; elle voulait réunir et reviser tant de pages écrites ainsi jour par jour. Elle se mit donc à l'œuvre, et trouva un grand charme dans la composition de ce livre, qu'elle appela simplement *Souvenirs*.

« C'est bien le nom qui convient à ce petit ouvrage, dit-elle dans la préface ; il m'a rappelé, il a prolongé pour moi ces jours heureux passés au milieu d'une jeunesse candide et studieuse. Je versais dans leur cœur mon âme tout entière.

» Vous m'accordez, mon Dieu, de résumer ici ces entretiens si doux. Ils seront chers aux membres dispersés de ma famille adoptive. Si vous les bénissez, ils peuvent porter encore des fruits salutaires. La vraie foi est une, en tout temps, en tout lieu : tous peuvent donc retrouver ici les principes sacrés qui ont nourri leur enfance. Nos vérités saintes ne sont-elles pas toujours le guide le plus sûr, la règle infaillible et la plus douce consolation de notre vie ? »

Avant de livrer son manuscrit à l'impression, elle le soumit à l'autorité épiscopale, et elle reçut de Mgr de Salinis, alors évêque d'Amiens, et quelques jours plus tard de Mgr Gerbet, évêque de Perpignan, les approbations et les encouragements les plus précieux. Ce volume est entre les mains de toutes ses filles, et bien des mères s'en sont servies et s'en servent encore aujourd'hui pour l'enseignement religieux de leur chère famille.

Au mois de février 1853, Melle Herbert éprouva encore une de ces peines de cœur qui s'étaient rencontrées plus d'une fois déjà sur la route de celle qui aimait ses élèves en véritable mère : Mme Henriette Corbie, dont le nom a été bien souvent redit dans les premières pages de ce récit, et avec laquelle elle avait conservé de fréquents et intimes rapports, mourait au Sacré-Cœur de Marseille, qu'elle édifiait depuis de longues années par l'exercice des vertus religieuses.

Les Dames du Sacré-Cœur, qui avaient toujours eu une si profonde estime pour Melle Herbert, et qui s'étaient plu à répandre ses ouvrages parmi leurs élèves, pensèrent qu'elle pourrait mieux que personne retracer les vertus de celle dont le départ pour le Ciel laissait un si grand vide au Sacré-Cœur de Marseille, où elle avait exercé les fonctions de Supérieure. Melle Herbert accepta cette mission. Elle n'avait qu'à puiser dans ses souvenirs, pour retracer l'enfance et la jeunesse d'Henriette Corbie ; c'est ce qu'elle fit avec cette piété, cette onction qui caractérisent tous ses écrits et leur font porter tant d'heureux fruits dans les âmes. Bientôt parut un petit volume qu'elle intitula, à cause de l'humilité profonde de Melle Corbie : *Le Parfum d'une violette.* Toute la première édition de cet ouvrage fut envoyée à Marseille et à Bordeaux, où la Mère Corbie avait été Assistante. Il se propagea dans les nombreuses maisons du Sacré-Cœur, et toutes les élèves de Melle Herbert réclamèrent ce petit souvenir comme un bien de famille, ce qui la mit dans la nécessité de faire paraître de nouvelles éditions.

Cependant, les Dames du Sacré-Cœur ne se tenaient pas pour satisfaites ; Mme Beaucaire surtout, qui avait pu apprécier les qualités éminentes et la sainteté de Mme Corbie, voulait que sa vie religieuse vînt compléter cette première partie. Avec l'assentiment de Mme la Supérieure générale, la vénérable Mère Barat, elle écrivit à Melle Herbert pour lui demander de se remettre à l'œuvre. Melle Herbert résista ; elle n'avait plus les documents nécessaires pour entreprendre et mener à bonne fin cette tâche nouvelle. Mme Beaucaire le comprit, mais elle ne se laissa pas arrêter par les difficultés ; elle insista donc, priant

(VOIR PAGE 211.)

Né le 11 août 1798 à Morlaas, ancienne capitale du Béarn ;

préconisé évêque d'Amiens le 2 avril 1849 ;

consacré à Bordeaux le 29 juillet 1849 par Mgr Donnet ;

en juillet 1856 nommé archevêque d'Auch ;

mourut à Auch le 30 janvier 1861 ;

est enterré dans la cathédrale de cette ville.

Melle Herbert de venir passer au Sacré-Cœur de Marseille tout le temps nécessaire pour recueillir les documents dont elle avait besoin. Ce long voyage pouvait présenter pour Melle Herbert de véritables dangers à cause du mauvais état de sa santé. Elle céda cependant à l'attrait de son cœur, et, au printemps de 1856, elle partit, accompagnée de Melle Virginie Lecornu. Elle fut accueillie à Saint-Joseph de Marseille avec une joie pleine d'affection. Elle n'était pas une inconnue pour les religieuses du Sacré-Cœur; si souvent Mme Corbie leur avait parlé de sa chère maîtresse et de tout le bien qu'elle faisait à Amiens! Elle y passa deux mois et fut heureuse de tout ce qu'elle apprit sur les vertus et les mérites de celle qui lui avait donné tant de consolations.

« C'est dans la pieuse retraite de Saint-Joseph, dit-elle, que je recueillis les souvenirs édifiants laissés par *notre Henriette*. Souvent je quittais ma plume pour me rendre au cimetière, tantôt en suivant une large route, bordée de haies vives dont la verdure disparaissait sous des milliers de roses épanouies, tantôt par une allée couverte, presque inaccessible aux rayons du soleil. Ma main cherchait la clé du funèbre asile sous une touffe épaisse et fleurie de laurier-thym, et je franchissais le seuil béni avec un religieux respect...

» Dans ce lieu sacré où venaient de se porter mes pas, dans cette enceinte habitée par les seules reliques des Epouses de Jésus-Christ, une paix délicieuse absorbait tous mes sentiments, toutes mes pensées. C'est sous cette impression que je m'avançais entre deux lignes de tombeaux, abrités par des pins séculaires dont la sombre verdure dérobe à l'œil toute image du dehors. Sur chacun de ces tertres de gazon se dresse une humble croix ; sur cette croix se lit le nom de celle qui attend sous cet ombrage le moment du réveil. Là encore, au pied du signe de salut, un lis élève sa noble tige où brillera bientôt la blanche corolle, emblème d'innocence et de virginité. Cette tombe plus soignée, qu'une moisson de violettes et de campanules recouvre en entier, c'est celle de *notre amie*... Ah ! qu'il fait bon de s'y recueillir ! avec quel fruit on interroge ici et la vie et la mort !...

» Là, dans le silence et l'humilité, cette véritable Epouse du Sauveur a poursuivi, achevé son œuvre sainte ; elle a su se former un trésor que les flots n'engloutiront point, que les voleurs ne peuvent lui dérober... L'amour divin lui a fait trouver la joie dans les larmes, le bonheur dans les sacrifices, et la mort lui a ouvert la porte de la vie... »

Avant de quitter Marseille, Melle Herbert voulut faire un pèlerinage au sanctuaire béni de Notre-Dame de la Garde ; elle ne put se défendre d'une grande émotion en priant devant l'image de Celle qui semble ainsi dominer les flots. Que de grâces avaient été sollicitées dans cette chapelle, dont les murs sont couverts de pieux ex-voto offerts par la reconnaissance ! Les adieux furent touchants ! Déjà maîtresses et élèves s'étaient attachées à Melle Herbert, qui ne devait cependant que passer parmi elles. Au Sacré-Cœur d'Aix, l'accueil fut aussi très cordial et laissa dans son souvenir des impressions bien consolantes. Les deux voyageuses s'arrêtèrent à Lyon, désirant visiter les lieux qui rappellent de si précieux souvenirs pour la foi, et à Notre-Dame de Fourvières, Melle Herbert pria pour ses enfants et ses amies.

La Providence lui réservait la grande joie de se retrouver, à la fin de sa carrière, auprès de celle qui avait encouragé ses premiers pas dans l'enseignement. La vénérable Mère Barat l'avait engagée à s'arrêter quelque temps au Sacré-Cœur de Paris. Séjourner auprès d'une Mère si aimée, en recevoir des marques d'intérêt et de bonté, était pour Melle Herbert une consolation dont elle remerciait Dieu avec effusion. Elle avait pour la fondatrice du Sacré-Cœur non seulement cette admiration que faisaient naître chez tous sa sainteté et ses vertus, mais encore une affection toute filiale. Elle lui communiqua le travail commencé à Marseille, qui eut sa complète approbation. Mme Barat admira avec quel tact et quelle connaissance de l'état religieux Melle Herbert avait retracé la vie simple et régulière de Mme Corbie. La perfection que celle-ci avait apportée dans l'accomplissement de chacun de ses devoirs, était le plus bel exemple qui pût être offert aux jeunes novices.

Melle Herbert retrouva aussi avec bonheur, au Sacré-Cœur de Paris, la Mère de Charbonnel, qui avait été sa chère maîtresse au temps lointain de son éducation. Mme de Charbonnel se montra heureuse de revoir son ancienne élève, qu'elle estimait beaucoup. Elle se réjouissait du bien qu'elle avait accompli pendant sa longue carrière dans l'enseignement.

Enfin, Melle Herbert reprit le chemin de la Picardie, où son retour était ardemment désiré. Après quelques jours de repos, elle continua son cher travail. « Elle vivait, disait-elle, avec son Henriette, retrouvant ses sentiments si pieux et si élevés. »

Les mères de famille se montrent insatiables quand il s'agit de leurs enfants. Elles avaient obtenu de Melle Herbert un livre pour le jeune âge : elles en désiraient un autre pour la préparation à la Première Communion.

Disposer ses élèves à cette grande action, avait été l'une des plus douces missions remplies par Melle Herbert ; elle la reprit donc bien volontiers, et, d'ailleurs, travailler pour des enfants, n'était-ce pas toute sa vie ? « Si Dieu me rendait la santé, disait-elle dans ses dernières années, je désirerais travailler pour sa gloire plutôt que de jouir prochainement du Paradis. Apprendre à des enfants à connaître Dieu, à l'aimer et à le servir, je ne vois rien de plus beau et de plus désirable. Si j'avais à recommencer ma vie, je ne choisirais pas une autre condition que celle d'institutrice, tant j'y ai trouvé de bonheur. »

Le bon Ange de la Première Communion eut le même succès que ses précédents ouvrages.

Melle Herbert avait été assez heureuse pour conserver sa mère jusqu'à un âge très avancé. C'était une grande consolation pour elle d'entourer sa vieillesse de bien être et de soins affectueux.

Au commencement de l'hiver de 1855,

Mme Herbert fut prise d'une bronchite très grave, qui donna bientôt de vives inquiétudes. Melle Herbert s'efforça de rendre moins pénible pour sa mère son état de souffrance et de faiblesse, en lui prodiguant toutes les prévenances et toutes les douceurs que son cœur lui suggérait. C'est avec une filiale sollicitude qu'elle lui procurait tous les secours spirituels qui devaient soutenir son âme ; elle-même lui parlait de Dieu, des mérites que nous pouvons acquérir par la souffrance acceptée avec résignation et patience, et sa parole, toujours si persuasive, était écoutée avec bonheur.

Mme Herbert reçut les derniers Sacrements dans les sentiments de la foi la plus vive et s'endormit paisiblement dans le Seigneur.

A la cérémonie de ses obsèques, non seulement les parents et les amies de Melle Herbert se pressèrent autour d'elle, mais encore ses anciennes élèves et leur famille, lui donnant ainsi une nouvelle preuve de l'estime et de la reconnaissance qu'elles lui avaient conservées.

Melle Herbert ne crut pas avoir complètement accompli ses devoirs de fille lorsque Dieu eut rappelé à Lui son excellente mère ; elle la suivit au-delà du tombeau en priant pour elle, et, jusqu'à son dernier jour, son nom se trouva mêlé à toutes les supplications qu'elle adressait au Seigneur.

En quittant le pensionnat, Melle Herbert n'avait pas abandonné l'œuvre des Vieux-Ménages. Le grain de sénevé semé en 1845 était devenu un arbre. Aux deux ou trois ménages adoptés et secourus primitivement, s'en joignaient quarante autres. Les réunions mensuelles eurent lieu pendant quelques mois dans la chapelle du pensionnat de Melle Boucher ; mais l'administration des Hospices, frappée sans doute du bien que faisait déjà cette œuvre modeste, offrit aux associées, devenues plus nombreuses, de se réunir dans la salle des séances de son Conseil. Il y avait une sorte de lien moral entre l'œuvre des Vieux-Ménages et l'hospice Saint-Charles. Quand la mort frappait l'un de nos vieux, souvent ses portes s'ouvraient pour recevoir celui qu'elle avait épargné.

Cet établissement charitable avait alors pour supérieure la vénérée Sœur Lamarck, qui avait au cœur l'amour du pauvre et l'intelligence de ses besoins. Melle Herbert trouva une véritable amie dans cette sainte religieuse, et les associées des Vieux-Ménages aimaient à s'éclairer auprès d'elle et recevaient ses conseils avec reconnaissance.

Melle Herbert, qui était l'âme de l'œuvre des Vieux-Ménages, n'avait jamais voulu avoir le titre de présidente. Le bureau était nommé par les associées, et, en parcourant le registre des comptes-rendus, nous y rencontrons les noms des familles les plus honorables d'Amiens.

Les réunions préparatoires aux séances mensuelles avaient lieu chez Melle Herbert, qui tenait les comptes de l'œuvre, signait elle-même tous les bons de pain, de viande, de chauffage, s'occupait avec une grande sollicitude de l'achat, de la confection et de la distribution des vêtements. Avec quel plaisir nous allions l'aider au commencement de l'hiver à faire les paquets destinés à chaque ménage ! Nous retrouvions là un grand nombre de vêtements faits par elle-même, et un jour où nous les admirions, elle nous dit gravement : « Donner de notre superflu aux pauvres, ce n'est pas assez, il faut travailler pour eux. A des parents très aimés : un père, une mère, une aïeule, vous offrez, à l'époque de leur fête, au renouvellement de l'année, quelque objet sorti de vos mains, voulant ainsi leur donner une preuve de votre vive affection ; et combien vous-même n'avez-vous pas été heureuse en vous livrant à ce travail ! Les pauvres, ajoutait-elle, sont d'autres Jésus-Christ. Donnez donc à Celui qui nous a tout donné et qui se donne chaque jour à nous dans la sainte Eucharistie, une preuve de votre amour et de votre reconnaissance en travaillant de vos mains pour ses membres souffrants. » Le conseil avait été écouté, et les filles de Melle Herbert font encore aujourd'hui l'expérience de la joie et du bonheur que l'on trouve à travailler pour les pauvres.

L'intérêt allait croissant pour cette œuvre, dont l'utilité s'accentuait à mesure que la population de la ville d'Amiens augmentait. Mgr de Salinis la mit sous la direction de M. l'abbé de Ladoue, son vicaire-général, qui présidait lui-même les réunions toutes les fois qu'il n'en était pas empêché par ses fonctions. Il était alors remplacé par un de Messieurs les curés de la ville, désireux, eux aussi, d'encourager les associées qui secouraient les pauvres de leur paroisse.

Mgr Gerbet, qui passa plusieurs années à l'évêché d'Amiens, vint souvent présider les réunions, et nous exhorter à l'exercice de la charité avec la suave éloquence qui le caractérisait.

Mgr Boudinet fit plus encore; il voulut que les réunions, qu'il présidait presque toujours lui-même, se tinssent à l'Évêché, et cette marque si précieuse de son bienveillant intérêt donna un nouvel essor à l'œuvre.

M. l'abbé Glaire, qui était resté l'ami dévoué de Melle Herbert, venait de faire paraître une traduction du Nouveau-Testament, qui reçut l'approbation du Saint-Siège. Melle Herbert, pour laquelle la lecture de l'Écriture Sainte avait toujours eu un si grand attrait, pensa qu'il pouvait être utile de donner à la jeunesse quelques notions d'Écriture Sainte, et elle composa dans ce but un volume où, sous forme d'entretiens d'une mère avec ses enfants, elle explique ce que sont les Livres Saints, et quelles dispositions il faut apporter à leur lecture pour qu'elle soit salutaire.

Ce fut son dernier travail. Elle en termina la rédaction ; mais il ne parut qu'après sa mort, et M. l'abbé Glaire se chargea d'en revoir les épreuves.

La santé de Melle Herbert qui, dans ses dernières années, avait toujours laissé à désirer, s'altéra d'une façon plus grave pendant l'automne de 1861. Le travail intellectuel, si doux et si facile pour elle jusque-là, lui devint tout à coup une réelle fatigue. Malgré ses courageux efforts, elle dut céder devant l'impossibilité où elle se trouvait de se livrer à ses chères études. Ce fut le premier des sacrifices que la maladie lui imposait, et certainement l'un des plus sensibles. Elle tricotait alors pour ses chers vieillards avec une ardeur qui amena une lassitude d'un autre genre. Il fallait donc se reposer complètement, et cela était si contraire à sa nature et à ses habitudes, que ce repos lui fut extrêmement pénible. Elle recevait toujours avec bonheur les visites de ses chères élèves. J'allais souvent la voir, soit avec ma mère, qui était l'une de ses premières filles, soit quelquefois seule. Je ne perdrai jamais le souvenir de la dernière visite que je fis à ma chère maîtresse. Elle venait de subir l'une de ces crises d'étouffement, si douloureuses, qui la laissaient sans force et dont elle était plusieurs jours à se remettre. Elle n'avait pu se lever et je la trouvai au lit encore fort souffrante. Elle me retint cependant, et comme je lui disais ma peine de la voir malade, elle me répondit que la volonté de Dieu était ce qu'il y avait de meilleur pour nous; puis elle me parla assez longuement des avantages de la souffrance au point de vue de notre salut éternel... Elle me montrait la vie comme étant la route royale de la Croix, la seule pouvant nous conduire à Dieu et à cette éternelle félicité vers laquelle toutes nos aspirations doivent tendre et s'élever. *Sursum corda!* répétait-elle. Il y avait un si grand calme, une telle douceur, et en même temps une telle autorité dans sa parole, que j'en fus tout impressionnée. Il me semblait entendre la voix d'une sainte, prête à partir pour le Ciel.

Quelques jours plus tard, un mieux sensible se produisit, et Melle Herbert put assister plusieurs fois à la messe à la chapelle de la Visitation. Son recueillement et sa ferveur, qui avaient toujours frappé les personnes qui la voyaient à l'église, étaient plus grands encore. Après la Communion, ses larmes coulaient sans qu'elle parût s'en apercevoir, et elle serait restée un temps considérable devant l'autel si on ne lui avait point rappelé que l'heure avançait.

Le 10 décembre, elle voulut aller à la réunion de sa chère Œuvre des Vieux-Ménages. Ces réunions étaient toujours pour elle une véritable joie. Elle revoyait ses filles, elle s'occupait de ses bons vieux... Avait-elle le pressentiment qu'elle venait à l'Evêché pour la dernière fois, et se sentait-elle déjà à l'approche des grandes séparations ? Cela est à présumer, bien qu'elle n'en ait rien dit, car Mgr Boudinet, qui présidait la réunion, et toutes celles des associées qui causèrent avec elle ce jour-là, remarquèrent sa profonde tristesse.

Dans la nuit du 12, Melle Herbert fut prise d'une crise plus violente que les précédentes, et dès ce moment elle demeura convaincue qu'il était temps pour elle de prendre ses dernières dispositions. Elle désira d'abord mettre ordre à sa conscience. Pour qui la connaissait, c'était chose facile. Ses fréquentes confessions toujours faites avec des sentiments de si humble contrition, la revue annuelle de ses fautes, étaient bien la meilleure préparation au compte que nous devrons tous rendre au Souverain Juge au jour où nous comparaîtrons devant Lui ; mais, dans sa profonde humilité, elle voulut revoir encore toute sa vie et obtenir un nouveau pardon, et c'est avec d'admirables dispositions qu'elle repassa chacun de ses jours dans l'amertume de son âme, disait-elle avec le Psalmiste dont elle aimait à emprunter les accents.

Elle n'avait pas attendu, du reste, jusqu'au moment où ses forces défaillantes semblaient lui présager une fin prochaine, pour se préparer à la mort. Elle l'avait toujours considérée, non comme une ennemie qui saisit sa proie, mais comme une céleste messagère qui vient délivrer l'âme des liens du corps. Quelques pages recueillies dans des notes écrites précédemment nous montrent ses dispositions habituelles, sa soumission absolue à la volonté de Dieu sur elle ; et son bonheur de cette dépendance nous y est retracé de la manière la plus frappante : « Dépendre de vous, ô Vérité, ô Bonté infinie ! dépendre de vous dans mon intelligence en adhérant à votre parole au milieu des saintes obscurités de la foi, dépendre de vous dans ma volonté en réglant toutes mes affections sur votre loi, c'est là la vie de mon esprit et celle de mon cœur... Dans le temps et l'éternité, je vous appartiens, ô mon Dieu, non seulement par l'imprescriptible droit que vous avez, Seigneur, sur toutes les créatures formées par vos mains, mais encore par le droit le plus fort et le plus doux, le droit que proclame aujourd'hui à haute voix mon âme, touchée et ravie de vos bienfaits divins, ô Dieu de bonté! Si vous voulez, Seigneur, que je souffre longtemps encore dans cette vallée de larmes, donnez-moi la patience et soyez béni. Si vous voulez me rendre à la santé et m'employer à vous servir encore, donnez-moi la force et soyez béni. Si le temps est venu où la figure de ce monde doit passer pour moi, purifiez mon âme, donnez-moi la paix, et soyez toujours béni... »

Le Ciel, notre véritable patrie, le bonheur des élus qui voient Dieu face à face, les joies inénarrables dont ils jouissent en sa présence, avaient été souvent le sujet des instructions qu'elle nous faisait; et alors sa parole avait une telle ardeur, une telle onction, et même une telle éloquence, qu'elle nous entraînait dans les régions célestes, où nous eussions voulu demeurer longtemps avec elle.

Ce désir ardent du Ciel, qu'elle avait cherché à nous inspirer, nous en retrouvons l'expression dans ses notes.

« Je le sais, Seigneur, » écrivait-elle, « si cette maison de terre que j'habite vient à se dissoudre, vous m'en avez préparé au Ciel une autre qui n'est pas faite de mains d'homme, et qui durera éternellement. Oh! non, je ne veux pas habiter toujours cette terre de l'exil, j'aime à porter mes regards vers ma douce patrie, et c'est avec joie que j'entendrai ces paroles : Nous irons dans la maison du Seigneur, nous nous fixerons enfin dans tes parvis, ô Jérusalem, patrie de mes frères et de mes proches, cité bénie qui dois réunir un jour dans ton enceinte tous les serviteurs de mon Dieu. »

Le Seigneur réservait à sa fidèle servante une épreuve qui fut celle d'un grand nombre de saints. Sans doute, pour la purifier de ses moindres souillures, il permit que la crainte de ses jugements vînt s'emparer d'elle et jeter son âme dans une profonde tristesse. Elle redoutait de n'avoir pas correspondu aux grâces si abondantes qui lui avaient été départies, et, dans son angoisse, elle écrivit cette admirable prière, retrouvée dans ses papiers quelques jours après sa mort :

« La crainte et l'effroi resserrent mon cœur. Je vous appelle à mon secours, ô vous qui êtes mon appui, mon Sauveur. Vous allez venir à moi, mais que je me sens humiliée en votre présence ! Ce qui m'effraie, c'est l'approche de la mort. Tant de fois j'ai cru que mon cœur s'élançait au-devant d'elle parce qu'elle devait me conduire à vous... Je parlais à mes enfants de ces blanches ailes qui nous portent dans votre sein... O Jésus, ces désirs tant de fois répétés n'étaient-ils qu'illusion ? m'abusais-je moi-même alors ? Est-ce le sentiment de mes fautes et de mes misères qui me fait trembler à la pensée de vos jugements ? Vous m'avez accordé tant de grâces !... J'ai si faiblement répondu à vos bienfaits ! Mais vous savez, mon Dieu, quelle voix m'a recommandé une confiance *inébranlable* en vos miséricordes. Je suis troublée quand je jette les yeux sur moi-même ; mais je veux ne me souvenir que de vous, ô Jésus, ô mon Dieu ! Bon Maître, je le confesse à vos pieds, c'est une crainte naturelle de la mort qui me semble dominer aujourd'hui toutes mes craintes... J'en suis interdite et confuse devant vous. Vous avez enduré la mort pour moi et je crains la mort qui me doit réunir à vous ! O mon Dieu, ce qui me trouble par-dessus tout en ce moment, c'est de penser qu'une telle crainte ne peut s'allier avec un véritable amour. Oh ! si vraiment je vous aimais comme j'ai cru quelquefois que je pouvais vous le dire, le bonheur de ne pouvoir plus vous offenser, de vous bénir sans cesse, d'être avec vous pour toujours, chasserait loin cette crainte humiliante, hélas ! et bien douloureuse, puisqu'elle me fait douter de mon amour pour vous... O Dieu, mon Dieu ! laissez-moi toutes mes craintes, si elles doivent me punir et me purifier ; mais, au nom de votre mort, au nom de votre amour pour moi, ô Jésus, que je vous aime *vraiment* et *toujours !...* »

Ce ne fut pas en vain que cette âme fidèle appela à son secours le Sauveur Jésus ; bientôt les ténèbres se dissipèrent, le calme le plus complet revint dans son âme, et, jusqu'à son dernier moment, jamais plus elle n'éprouva ni crainte, ni terreur de l'approche de la mort.

Melle Herbert, qui avait trouvé jusque-là son plus grand bonheur dans la réception quotidienne de la sainte Communion, éprouva une grande privation lorsqu'elle fut retenue prisonnière par la maladie. Son directeur lui proposa alors de lui apporter le Pain des Forts, mais son profond respect pour la sainte Eucharistie la faisait hésiter à accepter sa proposition : « Seigneur, disait-elle avec le centurion de l'Évangile, je ne suis pas digne que vous entriez dans ma maison. » Cependant, pressée par l'ardeur de ses désirs, elle accepta la divine visite, et quelles ne furent pas alors sa joie et sa consolation !

Bien des années auparavant, un jour où, après la Communion, elle disait à Dieu toute sa reconnaissance, elle ajoutait, entrevoyant déjà le moment où elle était maintenant arrivée : « Quand mes pas chancelants ne pourront plus me conduire jusqu'à votre sanctuaire, que mon âme sera rassasiée de maux et que ma vie aura touché la tombe, le Seigneur m'assistera lui-même sur la couche de ma douleur, sa main retournera mon lit pour m'y reposer dans mes infirmités, et je lui dirai : Seigneur, ayez pitié de moi, dont le salut vous a coûté si cher ! Oh ! que je meure de la mort des justes, et que ma fin ressemble à la leur ! Ressouvenez-vous, Seigneur, des grâces que vous m'avez faites et de vos miséricordes qui sont éternelles, mais ne vous ressouvenez plus des péchés de ma jeunesse et de toutes mes ignorances. »

Dieu, en effet, revint souvent consoler et soutenir celle qui l'avait fidèlement servi pendant toute sa vie. Quel respect, et en même temps quelles ineffables délices remplissaient alors son cœur !...

Dès que Melle Herbert retrouvait un peu de force au milieu de ses souffrances, elle conti-

nuait avec une grande sérénité ses préparatifs de départ, revoyait ses papiers, détruisait
les lettres inutiles, disposait tout, en un mot,
pour éviter à l'amie dévouée qui l'entourait,
avec une filiale tendresse, de soins incessants, toute recherche pénible et douloureuse.
Elle ne parlait pas de sa mort prochaine, mais
on sentait que cette pensée dominait toutes
les autres.

Le 15 décembre, la veille de sa fête, ses
anciennes élèves vinrent, toujours très nombreuses, pour lui offrir leurs souhaits ; elle ne
put les recevoir, mais leurs vœux et leurs
bouquets parvinrent jusqu'à elle, et, comme
les années précédentes, elle fit placer les
fleurs autour de l'image de la Très-Sainte
Vierge.

C'est dans ces alternatives de mieux et de
plus mal que s'écoula la semaine suivante.
Melle Lecornu et les rares personnes qui
voyaient Melle Herbert conservaient encore
quelque espoir.

La nuit de Noël elle retrouva toutes les
joies spirituelles qui, chaque année, inondaient
son âme lorsqu'elle fêtait la naissance de
Jésus Enfant. Il lui fut donné de s'unir à Lui
dans la sainte Communion, et longtemps après
le départ du ministre du Seigneur qui lui
avait apporté la manne eucharistique, elle
resta absorbée dans une paix délicieuse. Elle
était prête pour le départ, et, pendant toute
cette journée du 25 décembre, elle attendit
l'appel de Dieu. Lorsque vint le soir, déçue
dans son espérance, elle se plaignait doucement du retard apporté à sa délivrance. « Je
croyais mourir aujourd'hui, » disait-elle à

MGR RENÉ-FRANÇOIS RENOU.

(Voir page 236.)

Évêque d'Amiens, né à Bourgueil, diocèse de Tours, le 2 décembre 1844,
sacré à Tours le 6 avril 1893.

Melle Lecornu, « et voilà que Dieu me laisse encore sur cette triste terre. » Il fallait cependant accepter ce sursis. « Vivre ou mourir, » répétait-elle, « que la sainte volonté de Dieu s'accomplisse en moi ! »

Une légère amélioration s'étant produite, elle put se lever, préparer quelques cartes avec d'affectueux remerciements pour ses chères filles qui n'avaient pas eu la consolation de l'embrasser la veille de sa fête, puis quelques autres qui devaient porter ses souhaits de nouvel an à ses amies et à ses anciennes élèves. Enfin, elle eut encore la force de tracer quelques lignes pour dire toute sa reconnaissance à une associée des Vieux-Ménages qui lui avait envoyé une offrande pour la loterie. Ce fut donc pour cette œuvre, qui lui était si chère, qu'elle écrivit sa dernière lettre, comme pour elle aussi qu'elle fit sa dernière sortie.

Après ces quelques jours d'accalmie, le danger réapparut tout à coup. La paralysie se manifesta au côté gauche. Le médecin, appelé au milieu de la nuit, ne put que constater la gravité de la situation. Une consultation, qui eut lieu le mardi, ne laissa plus d'espoir. Melle Herbert se confessa de nouveau et reçut les derniers Sacrements avec cet admirable esprit de foi qui l'avait toujours animée. Elle-même présenta ses mains pour les onctions saintes, s'unissant aux prières de l'Eglise ; elle reçut ensuite l'indulgence de la bonne mort et conserva pendant toute la journée son calme habituel. Son âme était dans la paix la plus complète ; elle priait de temps à autre, offrant à Dieu ses souffrances et l'appelant à son secours. Elle recommanda à Melle Virginie Lecornu de ne pas la laisser longtemps en Purgatoire, et de solliciter pour elle les prières de tous ses amis.

Les derniers moments approchaient ; les prières des agonisants furent récitées à haute voix près de son lit ; elle s'y unit encore. Tout à coup, tournant son regard vers Melle Lecornu : « A Dieu ! » lui dit-elle. — « Oui, ma Bert, » répondit celle-ci en maîtrisant sa douleur, « à Dieu dans le temps et dans l'éternité ! »

A Dieu ! ces dernières paroles que prononcèrent ses lèvres mourantes, ne semblent-elles pas résumer toute la vie de celle qui avait servi Dieu avec une si grande fidélité, et qui avait travaillé avec tant d'ardeur à le faire connaître et aimer ?

Les forces de la chère mourante diminuaient rapidement ; son regard cherchait le Crucifix et l'image de la Sainte Vierge, et, sans souffrance, sans secousse, son âme prit son vol vers la bienheureuse demeure après laquelle elle soupirait.

Ce fut le 1er janvier 1862 que se termina ici-bas cette vie si remplie de bonnes œuvres.

Lorsque la nouvelle de la mort de Melle Herbert se fut répandue dans la ville, ses amis, ses anciennes élèves accoururent de tous côtés, voulant contempler encore une fois ses traits, sur lesquels était empreinte la sérénité la plus douce. Que de larmes, que de sanglots dans cette chambre mortuaire où l'on se succédait sans interruption !..... Mgr Boudinet vint aussi prier auprès de la dépouille mortelle de Melle Herbert, donnant ainsi à sa mémoire une marque précieuse de ses regrets personnels et de sa profonde estime pour cette grande chrétienne.

Ses funérailles furent une véritable manifestation. Le nombre considérable de personnes qui y assistèrent, montra de quelle vénération elle était l'objet dans sa ville natale.

A la sortie de l'église il se passa un fait bien caractéristique : Il n'est pas dans les usages, à Amiens, que les dames suivent les convois mortuaires jusqu'au cimetière, mais, par un élan du cœur, toutes les anciennes élèves de Melle Herbert accompagnèrent la dépouille mortelle de leur chère et bien-aimée maîtresse jusqu'à sa dernière demeure.

Par leurs soins, quelques mois plus tard, s'élevait sur sa tombe un monument qui témoignait de leur vive et durable reconnaissance.

Melle Adélaïde Herbert avait passé sur la terre en faisant le bien ; elle laissait après elle toute une légion de femmes chrétiennes, qui ont transmis à leur famille les principes qu'elles en avaient reçus.

Quarante années de dévouement à l'éducation des jeunes filles ne sont pas son seul titre à notre admiration ; l'œuvre des Vieux-Ménages, que lui a inspirée sa charité compatissante, subsiste au milieu de nous, et grâce à la haute protection de Sa Grandeur Mgr Renou, elle voit augmenter chaque année le nombre des pauvres secourus.

Nous ne pouvons mieux terminer ces pages qu'en rappelant la fête de son cinquantenaire célébrée le 26 juin 1895 à la chapelle de l'Evêché.

Mgr Renou, évêque d'Amiens, qui, dès son arrivée dans le diocèse, voulut bien accorder une protection signalée à l'Œuvre, a daigné présider cette cérémonie religieuse. Sa Grandeur était accompagnée de M. l'abbé Mollien et de M. l'abbé Dely, vicaires-généraux, et de M. l'abbé Deschamps, secrétaire général.

Les membres de l'Association, pensant que cette fête était non seulement la leur, mais encore celle de leurs pauvres, y avaient convié tous les valides ; car dans les deux cent vingt vieillards assistés par l'œuvre, il y en a bon nombre de malades et d'infirmes. Quatre-vingts d'entre eux occupaient les places d'honneur à la cérémonie. La joie était peinte sur leurs visages. Au début de la séance, l'un des vieillards se leva, et, avec une émotion qui se traduisait par le tremblement de sa voix, il remercia Monseigneur au nom de tous de la bienveillance particulière et de la haute protection dont Sa Grandeur voulait bien honorer l'œuvre des Vieux-Ménages. Son seul regret était qu'il ne fût pas donné à tous de jouir de ce spectacle, si bien fait pour les aider à supporter leurs maux et jeter un rayon de lumière sur le déclin de leur existence, « car, disait-il, nous sommes tous vieux, Monseigneur, si vieux qu'en réunissant nos âges, on formerait bien des siècles, plus à coup sûr qu'il ne s'en est écoulé depuis le commencement du monde. »

Ce bon vieillard avait été choisi pour porter la parole à cause d'une circonstance particulière : il célébrait à cette même date la cinquantaine de son mariage.

Monseigneur lui répondit avec une paternelle bonté. Puis, s'adressant aux Vieux-Ménages, il leur dit, avec l'accent d'une âme profondément compatissante à leurs maux, que ce n'était point toujours fête pour eux, qu'il y avait des heures sombres dans leur vie, et il parla de cette grande épreuve, de ce lourd fardeau qui s'appelle la vieillesse. Souvent la misère et la maladie accompagnent la vieillesse, et dès que ces deux visiteuses toujours redoutées ont pénétré dans le triste réduit, le pauvre ménage, se sentant privé de tout appui, délaissé, en proie aux douleurs physiques, aux souffrances du cœur, se dit abandonné de Dieu et des hommes. « Quoi qu'il arrive, ne prononcez jamais cette parole, ajouta Monseigneur, ce serait un blasphème. Dieu vous aime ; il le prouve en vous envoyant ces Dames qui sont auprès de vous les instruments de sa Providence. »

Monseigneur s'est plu à rendre un éclatant hommage à la mémoire de Melle Herbert, aux dames qui ont successivement présidé l'Œuvre, et à leurs auxiliaires zélées. Il a terminé par de précieux encouragements aux associées, assurant que leur œuvre si belle, si délicate, si touchante ne saurait périr.

La parole de Sa Grandeur, toujours si bien inspirée et si pleine d'à-propos, a été soulignée plusieurs fois par des marques de vive approbation, et elle a produit sur tous les assistants une impression ineffaçable.

Un salut d'actions de grâces fut ensuite donné par Monseigneur. Toutes les voix s'unirent en chœur pour louer et remercier Dieu de cette belle fête du cinquantenaire.

Après le salut, Monseigneur revint dans la salle synodale, où il remit de sa main à chaque ménage une image représentant la Sainte-Famille, ainsi que des bons de pain, de viande et de café.

Parmi les remerciements adressés par ces bons vieillards, dont tous les yeux trahissaient l'émotion, nous avons entendu cette parole charmante par sa naïveté : « Que Dieu nous réunisse tous au Ciel, Monseigneur. » — « C'est mon plus vif désir, » a répondu en souriant Celui qui sait si bien se faire tout à tous.

Après les Vieux-Ménages, vrais héros de cette fête de charité, vint le tour des Dames associées, auxquelles Monseigneur distribua des images commémoratives du cinquantenaire, sur lesquelles étaient inscrites quelques maximes tirées des œuvres de la vénérée Fondatrice, qui résumaient admirablement la douce impression que tous emportèrent de cette réunion d'un caractère si particulier.

En voyant notre Evêque bien-aimé entouré de ces vieillards courbés sous le poids des ans, et de ces femmes chrétiennes qui se sont faites leurs protectrices, ne peut-on pas répéter avec Melle Herbert : « L'exercice de la charité fait des riches et des pauvres un peuple de frères ? »

TABLE DES MATIÈRES.

TABLE DES GRAVURES.

www.ingramcontent.com/pod-product-compliance
Ingram Content Group UK Ltd.
Pitfield, Milton Keynes, MK11 3LW, UK
UKHW022012170726
13837UKWH00001B/138